本書の特長と使い方

本書は，各単元の最重要ポイントを確認し，基本的な問題を何度も繰り返して解くことを通して，中学英語の基礎を徹底的に固めることを目的として作られた問題集です。

1単元2ページの構成です。

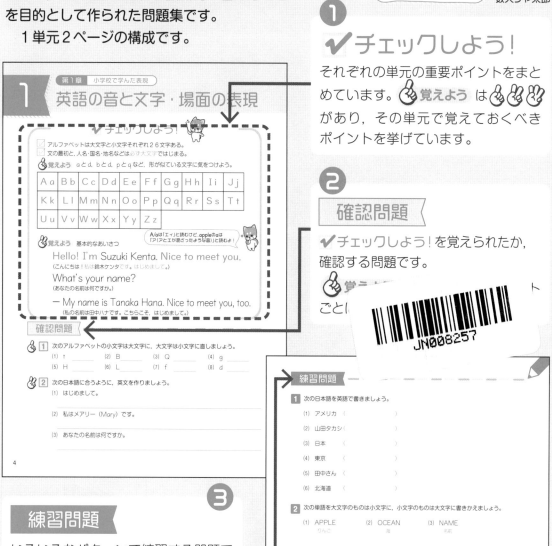

ボクの一言ポイントにも注目だよ！
数犬チャ太郎

❶ ✔チェックしよう！

それぞれの単元の重要ポイントをまとめています。🖐覚えよう は 🤟🤘✌️ があり，その単元で覚えておくべきポイントを挙げています。

❷ 確認問題

✔チェックしよう！を覚えられたか，確認する問題です。🖐覚え……ト ごとに……

JN008257

練習問題

❸ 練習問題

いろいろなパターンで練習する問題です。つまずいたら，✔チェックしよう！や 確認問題 に戻ろう！

ヒントを出したり，解説したりするよ！
かっぱ

リスニング問題にチャレンジできます。
重要知識を一問一答形式で確認できます。

くわしくは2ページへ

スマホでサクッとチェック≫P2

1

 # ITC コンテンツを活用しよう！

本書には，QRコードを読み取るだけで利用できる ICT コンテンツが充実しています。

音声を聞いてリスニング問題にチャレンジ

各ページの QR コードを読み取ると，リスニング問題の音声を聞くことができます。
音声の速度を調整することもできます。くり返し聞くことで，耳を慣らしていきましょう。

音声を聞きとって，問題を解こう。

PCから https://cds.chart.co.jp/books/7qyxbj2a3o/sublist/001#2!

スマホでサクッとチェック 一問一答で知識の整理

下のQRコードから，重要知識をクイズ形式で確認できます。

1回10問だから，
スキマ時間に
サクッと取り組める！

PCから https://cds.chart.co.jp/books/7qyxbj2a3o/sublist/124#125

便利な使い方

ICTコンテンツが利用できるページをスマホなどのホーム画面に追加することで，毎回
QR コードを読みこまなくても起動できるようになります。くわしくは QRコードを読み
取り，左上のメニューバー「≡」▶「ヘルプ」▶「便利な使い方」をご覧ください。

目次

1 英語の音と文字・場面の表現

✔チェックしよう！

- ☑ アルフアベットは大文字と小文字それぞれ26文字ある。
- ☑ 文の最初と，人名・国名・地名などは必ず大文字ではじまる。

👆覚えよう　aとd，bとd，pとqなど，形が似ている文字に気をつけよう。

A a	B b	C c	D d	E e	F f	G g	H h	I i	J j
K k	L l	M m	N n	O o	P p	Q q	R r	S s	T t
U u	V v	W w	X x	Y y	Z z				

A/aは「エィ」と読むけど，appleのaは「ア（アとエが混ざったような音）」と読むよ！

✌覚えよう　基本的なあいさつ

Hello! I'm Suzuki Kenta. Nice to meet you.
（こんにちは！私は鈴木ケンタです。はじめまして。）

What's your name?
（あなたの名前は何ですか。）

— My name is Tanaka Hana. Nice to meet you, too.
（私の名前は田中ハナです。こちらこそ，はじめまして。）

確認問題

1 次のアルファベットの小文字は大文字に，大文字は小文字に直しましょう。

(1) t _____　(2) B _____　(3) Q _____　(4) g _____

(5) H _____　(6) L _____　(7) f _____　(8) d _____

2 次の日本語に合うように，英文を作りましょう。

(1) はじめまして。

_____

(2) 私はメアリー（Mary）です。

_____

(3) あなたの名前は何ですか。

_____

1 次の日本語を英語で書きましょう。

(1) アメリカ　（　　　　　　　　　）

(2) 山田タカシ（　　　　　　　　　）

(3) 日本　　　（　　　　　　　　　）

(4) 東京　　　（　　　　　　　　　）

(5) 田中さん　（　　　　　　　　　）

(6) 北海道　　（　　　　　　　　　）

2 次の単語を大文字のものは小文字に，小文字のものは大文字に書きかえましょう。

(1) APPLE
りんご

(2) OCEAN
海

(3) NAME
名前

(4) water
水

(5) umbrella
傘

(6) sit
座る

3 次の英文の日本語訳を書きましょう。

A：Hello. I'm Nami. Nice to meet you. What's your name?

B：My name is Hiro. Nice to meet you, too.

A：（　　　　　　　　　　　　　　　　　　　　　　　　　　　　）

B：（　　　　　　　　　　　　　　　　　　　　　　　　　　　　）

「チェックしよう！」を見て思い出そう。

4 音声を聞いて，それに対する答えを英語で書きましょう。

きこう！
音声データ

(1) _____

(2) _____

2 I am ~.「私は~です」/ I like ~.「私は~が好きです」

✔チェックしよう！

覚えよう　「私は」はⅠで表す。Ⅰは文の頭でも途中でも必ず大文字。

覚えよう　「私は~です」は，〈I am ~.〉と表す。
I am は I'm と短縮することができる。
「私は~ではありません」は〈I am not ~.〉と表す。

I am Taku.
（私はタクです。）

I am not Taku.
（私はタクではありません。）

覚えよう　「私は~が好きです」は，〈I like ~.〉と表す。
「私は~が好きではありません」は〈I do not [don't] like ~.〉と表す。
do not は don't に短縮できる。

I like coffee.
（私はコーヒーが好きです。）

I don't like coffee.
（私はコーヒーが好きではありません。）

amとlikeの詳しい違いは
P.12で説明するよ。

確認問題

1　次の英文の（　　）内から正しい使い方のものを選びましょう。

(1)　(I / i) am Satoshi.　　　(2)　(I'm / i'm) not Yuki.

2　次の日本文の下線部を表す語を（　　）内から選びましょう。

(1)　私はケイコ<u>です</u>。（am / like）　(2)　私はリンゴ<u>が好きです</u>。（am / like）

3　次の英文の（　　）内から適する語を選びましょう。

(1)　I (am / are) Nao.　　　(2)　I (am not / not) Chika.

(3)　I (am / like) books.　　(4)　I (don't like / dont like) fish.
　　　　　　　　本　　　　　　　　　　　　　　　　　　　　　　魚

4　次の日本文に合うように，（　　）内の語を並びかえましょう。

(1)　私はサトルです。（am / I / Satoru）._____.

(2)　私はサッカーが好きです。（soccer / like / I）._____.

練習問題

1 次の日本文に合うように，＿＿＿に適する語(句)を ┊┄┊ 内から選びましょう。

(1) 私はモリアキコです。　　　　　　I ＿＿＿＿＿＿ Mori Akiko.

(2) 私は背が高くありません。　　　　I ＿＿＿＿＿＿ tall.

(3) 私は元気です。　　　　　　　　　＿＿＿＿＿＿ fine.

(4) 私は野球が好きです。　　　　　　I ＿＿＿＿＿＿ baseball.

(5) 私はバナナが好きではありません。 I ＿＿＿＿＿＿ bananas.

> like
> am not
> I'm
> don't like
> am

2 次の日本文に合うように，＿＿＿に適する語を書きましょう。

(1) 私はヒロキです。

＿＿＿＿＿＿ ＿＿＿＿＿＿ Hiroki.

(2) 私は牛乳が好きです。

＿＿＿＿＿＿ ＿＿＿＿＿＿ milk.

(3) 私はネコが好きではありません。

I ＿＿＿＿＿＿ ＿＿＿＿＿＿ cats.

3 次の英文の日本語訳を書きましょう。

(1) I am twenty.　　　　　（　　　　　　　）20歳（　　　　　　　）。

(2) I am not a teacher.　　（　　　　　　　）先生（　　　　　　　）。

(3) I like tea.　　　　　　（　　　　　　　）お茶（　　　　　　　）。

(3) I don't like tomatoes.　（　　　　　　　）トマト（　　　　　　　）。

> 〈I am ~.〉と〈I like ~.〉はそれぞれどんな日本語訳だったかな。

4 音声を聞いて，それに対する答えを英語で書きましょう。

(1) ＿＿＿＿＿＿＿＿＿＿＿＿＿＿＿＿＿＿＿＿＿＿＿

(2) ＿＿＿＿＿＿＿＿＿＿＿＿＿＿＿＿＿＿＿＿＿＿＿

3 Are you ~? / Do you ~? 「あなたは~ですか」

✔ チェックしよう！

👆 **覚えよう** 「あなたは~です」は，〈You are ~.〉と表す。

「あなたは~が好きです」は，〈You like ~.〉と表す。

☑ 疑問文とは，「~ですか」のように相手にたずねる文のこと。

✌ **覚えよう** 〈You are ~.〉を疑問文は〈Are you ~?〉の語順。

〈You like ~.〉の疑問文は〈Do you like ~?〉の語順。

🤟 **覚えよう** 答えるときは，Yes か No を使う。

You <u>are</u> Hiroshi.
（あなたはヒロシです。）

（疑問文）<u>Are</u> you Hiroshi?
（あなたはヒロシですか。）

— Yes, I am. （はい，そうです。）

— No, I'm not. （いいえ，そうではありません。）

You like fish.
（あなたは魚が好きです。）

（疑問文）<u>Do</u> you like fish?
（あなたは魚が好きですか。）

— Yes, I do. （はい，好きです。）

— No, I don't. （いいえ，好きではありません。）

you are は you're に，do not は don't に短縮できる。

> **You** は「あなたは」という意味だね。

確認問題

👆✌ **1** 次の日本文に合うように，（　）内から適する語句を選びましょう。

(1) あなたはアンナです。　　　　　　　　（Are you / You are）Anna.

(2) あなたはバナナが好きですか。　　　　（You do / Do you）like bananas?

🤟 **2** 次の日本文に合うように，＿＿に適する語を書きましょう。

(1) あなたは学生ですか。　- はい，そうです。

Are you a student?　-＿＿＿＿＿＿, I am.

(2) あなたはトマトが好きですか。　- いいえ，好きではありません。

Do you like tomatoes?　-＿＿＿＿＿＿, I don't.

🤟 **3** 次の対話文の＿＿に適する語を書きましょう。

A：Do you like *sushi*?　　　B：No,＿＿＿＿＿＿＿＿＿.

1 次の日本文に合うように，_____に適する語を書きましょう。

(1) A：あなたはブラウンさんですか。

_____ _____ Mr. Brown?

B：いいえ，そうではありません。

_____, _____ not.

(2) A：あなたは本が好きですか。

_____ _____ like books?

B：はい，好きです。

_____, I _____ .

> 疑問文の主語がyouのとき，
> 答えの主語は何かな。

2 次の日本文に合うように，（ ）内の語を並べかえましょう。

(1) あなたはケンジですか。 (Kenji / are / you)?

_____?

(2) あなたはサッカーが好きですか。 (like / do / soccer / you)?
soccer

_____?

3 次の英文を疑問文に書きかえましょう。

(1) You are a singer.
歌手

_____

(2) You like songs.
歌

_____

4 音声を聞いて，それに対する答えの文になるように，
_____に適する語を書きましょう。

(1) No, _____ _____ .

(2) Yes, _____ _____ .

4 This/ That/He/She is ~.

✔チェックしよう！

👆**覚えよう** 近くにあるものを指して言うときは，主語に this「これは」を使う。

離れたところにあるものを指して言うときは，that「あれは」を使う。

「これは / あれは〜です」は，〈This / That is ~.〉と表す。

 近くに あるもの → this

 遠くに あるもの → that

This is a book.
（これは本です。）

That is a notebook.
（あれはノートです。）

否定文 This is not a book.
（これは本ではありません。）

That is not a notebook.
（あれはノートではありません。）

疑問文 Is this a book?
（これは本ですか。）

Is that a notebook?
（あれはノートですか。）

— Yes, it is. （はい，そうです。）
— No, it's not. （いいえ，ちがいます。）

— Yes, it is. （はい，そうです。）
— No, it's not. （いいえ，ちがいます。）

✌**覚えよう** 「彼は〜です」は，〈He is ~.〉と表す。

「彼女は〜です」は，〈She is ~.〉と表す。

He is Tom.
（彼はトムです。）

She is a student.
（彼女は学生です。）

否定文 He is not Tom.
（彼はトムではありません。）

She is not a student.
（彼女は学生ではありません。）

疑問文 Is he Tom?
（彼はトムですか。）

Is she a student?
（彼女は学生ですか。）

— Yes, he is. （はい，そうです。）
— No, he's not. （いいえ，ちがいます。）

— Yes, she is. （はい，そうです。）
— No, she's not. （いいえ，ちがいます。）

> He is〜はHe's〜，She is〜はShe's〜と短縮形にできるよ。

確認問題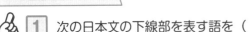

👆 **1** 次の日本文の下線部を表す語を（　）内から選びましょう。

(1) これはかばんです。 （this / that）　　(2) あれは鳥です。 （that / this）

(3) 彼はボブです。 （he / she）　　(4) 彼女は医者です。 （she / he）

練習問題

1 次の日本文に合うように，＿＿＿＿に適する語を　　　内から選びましょう。

(1) これは CD です。　　　　＿＿＿＿＿＿＿＿ is a CD.

(2) 彼女はサオリです。　　　＿＿＿＿＿＿＿＿ is Saori.

(3) あれは写真です。　　　　＿＿＿＿＿＿＿＿ is a picture.

(4) 彼は少年です。　　　　　＿＿＿＿＿＿＿＿ is a boy.

> That
> He
> This
> She

次の英文の日本語訳を書きましょう。

2 (1) This is a bus.

（　　　　　　　　　　　） バス（　　　　　　　　　　　　）。

(2) That is Mary.

（　　　　　　　　　　　） メアリー（　　　　　　　　　　　　）。

(3) She is Chiho.

（　　　　　　　　　　　） チホ（　　　　　　　　　　　　）。

(4) He's famous.

（　　　　　　　　　　　） 有名（　　　　　　　　　　　　）。

次の日本文に合うように，（　　）内の語（句）を並べかえましょう。

3 (1) これはカメラです。(is / a camera / this). ＿＿＿＿＿＿＿＿＿＿＿＿ .

(2) あちらはハルキですか。(Haruki / that / is)? ＿＿＿＿＿＿＿＿＿＿＿＿ ?

(3) 彼女はマキではありません。(is / she / not / Maki). ＿＿＿＿＿＿＿＿＿＿＿＿ .

(4) 彼は学生です。(is / a / student / he). ＿＿＿＿＿＿＿＿＿＿＿＿ .

4 音声を聞いて，聞き取った英語を書きましょう。

(1) ＿＿＿＿＿＿ ＿＿＿＿＿＿ a hospital.

(2) ＿＿＿＿＿＿ ＿＿＿＿＿＿ my father.

(3) ＿＿＿＿＿＿ ＿＿＿＿＿＿ Kim?

1 be動詞と一般動詞

✔ チェックしよう！

 覚えよう am, are, is をbe動詞, それ以外の動詞を一般動詞という。

●よく使う一般動詞

動作を表す	clean(〜を掃除する) / come(来る) / cook(〜を料理する) / drive(〜を運転する) / eat(〜を食べる) / enjoy(〜を楽しむ) / go(行く) / play((スポーツなど)をする) / run(走る) / speak(〜を話す) / study(〜を勉強する)
状態を表す	have(〜を持っている, 〜を食べる, 〜を飼っている) / know(〜を知っている) / like(〜が好きである)

覚えよう

	肯定文	否定文	疑問文
be動詞	〈主語 + be動詞〜.〉 She　is　twelve. (彼女は12歳です。)	〈主語 + be動詞 +not〜.〉 She　is not　twelve. (彼女は12歳ではありません。)	〈be動詞 + 主語〜?〉 Is　she　twelve? (彼女は12歳ですか。)
一般動詞	〈主語 + 一般動詞〜.〉 I　have a pen. (私はペンを持っています。)	〈主語 +do not[don't]+一般動詞〜.〉 I　don't　have a pen. (私はペンを持っていません。)	〈Do+ 主語 + 一般動詞〜?〉 Do you　have a pen? (あなたはペンを持っていますか。)

覚えよう 一般動詞には, 後ろに「〜を」にあたる言葉(目的語)をとるものと, とらないものがある。

I play basketball.(私はバスケットボールをします。)

I walk.(私は歩きます。)

> 否定のときは主語がI(一人称)でもYou(二人称)でも一般動詞の前にdo not[don't]を置くよ。

確認問題

1 次の単語の表す意味を（　）に書きましょう。

(1) come （　　　　　）　　(2) know （　　　　　）

(3) eat （　　　　　）　　(4) go （　　　　　）

2 次の日本文に合うように，（　）内の語(句)を並べかえましょう。

(1) 私は医者です。(a doctor / am / I). _____.

(2) あなたは日本人ですか。(are / Japanese / you)? _____?

(3) あなたは夕食を作ります。(dinner / you / cook). _____.

(4) 私は野球をしません。(I / do / baseball / play / not). _____.

1 次の日本文に合うように，（　　）内から適する語を選びましょう。

(1) 私は英語を勉強します。　　I (am / study) English.

(2) あなたは背が高いです。　　You (is / are) tall.

(3) あなたは歩きます。　　You (are / walk).

(4) これは本ですか。　　(Am / Is) this a book?

2 次の英文の日本語訳を書きましょう。

(1) I have a dog.　　私は犬（　　　　　　　　　　　　　　　）。

(2) He's not kind.　　彼は優し（　　　　　　　　　　　　　　）。

(3) You drink water.　　あなたは水（　　　　　　　　　　　　）。

(4) Do you drive a car?　　あなたは車（　　　　　　　　　　　）。

3 次の日本文の英語訳を書きましょう。

(1) あなたは日本語を話しますか。

_____

(2) 私はテニスが好きではありません。

_____

(3) 私は背が低いですか。
　　　　short

_____

> 肯定文，否定文，疑問文の主語と
> 動詞の語順はどうだったかな。

4 音声を聞いて，それに対する答えを英語で書きましょう。

(1) _____

(2) _____

2 What ~?「何ですか」/ Who ~?「誰ですか」

✔チェックしよう！

☑ 疑問詞…疑問詞とは，「何」，「いつ」，「どこ」などを具体的にたずねるときの言葉で，文頭に置く。

👆覚えよう　疑問詞 what は「何」という意味で，〈もの〉をたずねるときに使う。
what を使った疑問文に対する返事は，Yes や No ではなく，
具体的な〈もの，こと〉を答える。What is は What's に短縮できる。

whatの疑問文

What is this?　　　　　　　　— It is(= It's) a picture.
（これは何ですか。）　　　　　　　　（それは写真です。）

What do you study?　　　　— I study English.
（あなたは何の勉強をしますか。）　　（私は英語を勉強します。）

✌覚えよう　疑問詞 who は「誰」という意味で，〈人〉をたずねるときに使う。
who を使った疑問文に対する返事は，具体的な〈人〉を答える。
Who is は Who's に短縮できる。

whoの疑問文

Who is she?　　　　　　　　— She is Mary.
（彼女は誰ですか。）　　　　　　　　（彼女はメアリーです。）

> たずねる内容によって，どの疑問詞を使うかを考えよう。

確認問題

👆 1 次の日本文に合うように，＿＿＿に適する語を書きましょう。

(1) あれは何ですか。　　　　　　　　　＿＿＿＿＿＿＿ is that?

(2) 着物とは何ですか。　　　　　　　　＿＿＿＿＿＿＿ *kimono*?

✌ 2 次の英文の日本語訳を書きましょう。

(1) Who is that girl?　　　あの女の子は（　　　　　　　）ですか。

(2) Who do you like?　　　あなたは（　　　　　　　）好きですか。

(3) Who is he?　　　　　　彼は（　　　　　　　）ですか。

1 次の日本文に合うように（　　　）の中の語を並びかえましょう。

(1) これらは何ですか。（are / these / what）?

_____ ?

(2) この食べ物は何ですか。（What / this food / is）?

_____ ?

(3) あちらの男性たちは誰ですか。（those men / who / are）?

_____ ?

2 次の日本文に合うように，_____ に適する語を書きましょう。

(1) これは何ですか。 — それはペンです。

_____ is this ? — _____ a pen.

(2) あなたは何が好きですか。 — 私はかばんが好きです。

_____ _____ you like? — I like bags.

(3) あの少年は誰ですか。 — 彼はマックスです。

_____ is that boy? — He _____ Max.

3 次の下線部を問う疑問文を英語で書きましょう。

(1) That woman is Ms.Brown. _____

(2) I am Yuta. _____

(3) That is a bird. _____

4 次の英文の日本語訳を書きましょう。

WhoとWhatの使い方を学ぼう。

(1) Who is he? （　　　　　　　　　　　　　）

(2) What do you eat? （　　　　　　　　　　　　　）

5 音声を聞いて，聞き取った英語を書きましょう。

(1) _____ _____ this?

(2) _____ _____ you?

3 How ~?「どう～しますか」

✔チェックしよう！

☝ **覚えよう**　疑問詞 how は「どう」「どのように」という意味で，〈状態・性質〉や〈方法・手段〉をたずねるときに使う。

✌ **覚えよう**　「～はどうですか」は〈How is ~?〉と表す。
「どう～しますか」は〈How do you ~?〉と表す。

🤟 **覚えよう**　how を使った疑問文には，具体的に〈状態・性質〉や〈方法・手段〉を答える。

[how の疑問文]

How is your class?
（あなたの授業はどうですか。）

— It is fun.
（それは楽しいです。）

How do you go to Kyoto?
（あなたはどうやって京都へ行きますか。）

— I go there by train.
（私はそこへ電車で行きます。）

> 「電車で」と言うとき，trainの前にaは置かないよ。

確認問題

☝ **1** 次の英文の日本語訳を書きましょう。

How is America?　　　　アメリカは（　　　　　）ですか。

✌ **2** 次の日本文に合うように，（　　）内の語を並べかえましょう。

(1) ボブはどう（お過ごし）ですか。　（Bob / how / is）?

_____?

(2) あなたはどうやってこのおもちゃを使いますか。

（do / how / use / you）this toy?

_____ this toy?

> (1) は，「ボブは元気ですか」のように，様子をたずねるときに使う文だよ。

🤟 **3** 次の日本文に合うように，＿＿に適する語を書きましょう。

あなたはどうやって学校に行きますか。―私は自転車で行きます。

How do you go to school? — I go to school _____ bike.

1 次の日本文に合うように，＿＿に適する語を書きましょう。

(1) 中国はどうですか。

＿＿＿＿＿＿＿＿ is China?

(2) あなたはどうやって公園に行きますか。

＿＿＿＿＿＿＿ ＿＿＿＿＿＿＿ you go to the park?

By ～.（（交通手段）で来ます。）とだけ言うこともできるよ。

(3) あなたはどうやってここに来ますか。―電車で来ます。

＿＿＿＿＿＿＿ ＿＿＿＿＿＿＿ you come here? ― ＿＿＿＿＿＿＿ train.

(4) あなたのご両親はどう（お過ごし）ですか。―元気です。
parents

＿＿＿＿＿＿＿ are your parents? ― They ＿＿＿＿＿＿＿ good.

2 次の日本文に合うように，（　　）内の語（句）を並べかえましょう。

(1) 私のシャツはどうですか。　（is / my shirt / how）?

＿＿＿＿＿＿＿＿＿＿＿＿＿＿＿＿＿＿＿＿＿＿＿＿＿＿＿ ?

(2) あなたはどうやって日本語を教えますか。

（Japanese / you / teach / how / do）?

＿＿＿＿＿＿＿＿＿＿＿＿＿＿＿＿＿＿＿＿＿＿＿＿＿＿＿ ?

3 次の下線部を問う疑問文を英語で書きましょう。

You go to the museum by bus.
博物館 ＿＿＿＿＿

＿＿＿＿＿＿＿＿＿＿＿＿＿＿＿＿＿＿＿＿＿＿＿＿＿＿＿＿＿

4 音声を聞いて，それに対する答えを英語で書きましょう。

(1) ＿＿＿＿＿＿＿＿＿＿＿＿＿＿＿＿＿＿＿＿＿＿＿＿＿

(2) ＿＿＿＿＿＿＿＿＿＿＿＿＿＿＿＿＿＿＿＿＿＿＿＿＿

きこう！ 音声データ

When ~? 「いつ~ですか」/Where ~? 「どこで~ですか」

✔チェックしよう！

覚えよう 疑問詞 when は「いつ」という意味で，〈時〉をたずねるときに使う。
「~はいつですか」は，〈When + be 動詞の疑問文 ?〉，
「いつ~しますか」は，〈When +一般動詞の疑問文 ?〉と表す。

覚えよう 疑問詞 where は「どこ」という意味で，〈場所〉をたずねるときに使う。
「~はどこですか」は，〈Where + be 動詞の疑問文 ?〉，
「どこで[に]~しますか」は，〈Where +一般動詞の疑問文 ?〉と表す。

覚えよう when を使った文には〈時〉，where を使った文には〈場所〉を具体的に答える。

答えるときは，April 2.や In the park.のように
〈時〉や〈場所〉を表す言葉だけでもいいよ。

when の疑問文

When is your birthday? — It's April 2.
（あなたの誕生日はいつですか。）　　（4月2日です。）

where の疑問文

Where do you run? — I run in the park.
（あなたはどこで走りますか。）　　（公園で走ります。）

確認問題

1 次の日本文に合うように，（　　）内から適する語を選びましょう。

(1) その試合はいつですか。　　　　　(When / What) is the game?

(2) あなたはいつ英語を勉強しますか。　(How / When) do you study English?

2 次の日本文に合うように，（　　）内の語を並べかえましょう。
あなたはどこに行きますか。　（do / where）you go?

_____ you go?

3 次の対話の答えになる英文を，[____]内から選び，記号を書きましょう。

A : When is the summer festival?
　　　　　　　　　夏祭り
B : [　　　　]

> ア　It's a summer festival.
> イ　It's in Osaka.
> ウ　It's on August 10.

1 次の日本文に合うように，＿＿＿＿に適する語を書きましょう。

(1) テツオの誕生日はいつですか。─7月7日です。

＿＿＿＿＿＿ is Tetsuo's birthday? ─ It's July 7.

(2) あなたはどこで本を読みますか。─私は図書館で本を読みます。

＿＿＿＿＿＿ ＿＿＿＿＿＿ you read books? ─ I read books in the library.

(3) 彼らはいつバスケットボールを練習しますか。─放課後です。

＿＿＿＿＿＿ ＿＿＿＿＿＿ they practice basketball? ─ After school.

2 次の下線部を問う疑問文を英語で書きましょう。

(1) The zoo is <u>near my house</u>.
〜の近くに

＿＿＿＿＿＿＿＿＿＿＿＿＿＿＿＿＿＿＿＿

(2) The school festival is <u>in October</u>.

＿＿＿＿＿＿＿＿＿＿＿＿＿＿＿＿＿＿＿＿

(3) You take a bath <u>before dinner</u>.

＿＿＿＿＿＿＿＿＿＿＿＿＿＿＿＿＿＿＿＿

3 次の日本文に合うように，（　　）内の語(句)を並べかえましょう。

(1) パーティーはいつですか。　(the party / when / is)?

＿＿＿＿＿＿＿＿＿＿＿＿＿＿＿＿＿＿＿＿ ?

(2) あなたはどこで泳ぎますか。　(swim / do / where / you)?

＿＿＿＿＿＿＿＿＿＿＿＿＿＿＿＿＿＿＿＿ ?

4 2つの対話文を聞いて，それぞれの最後の発言に続く文として最も適切なものをア〜ウから選び記号で答えましょう。

(1) ア I'm from Osaka. 　イ I like Osaka. 　ウ By train.

[　　　]

(2) ア On Sundays. 　イ For three years. 　ウ In my school.

[　　　]

5 I want to ～「私は～したいです」

✔チェックしよう！

👆覚えよう 一般動詞 want「～が欲しい」は後ろに一般動詞の文をつなげることで「～したい」という意味になる。
want の後ろが名詞（～が欲しい）のときは何もつける必要はないが，後ろに動詞をつなげるときはwant と動詞の間にto をつける。

I want cookies.
（私はクッキーが欲しいです。）

I want to eat cookies.
（私はクッキーを食べたいです。）

✌覚えよう 否定文のときは〈主語 +do not［don't］+want to+ 一般動詞～ .〉，
疑問文のときは〈Do+ 主語 +want to+ 一般動詞～ ?〉の語順となる。

否定文 **I don't want to study English.**
（私は英語を勉強したくないです。）

疑問文 **Do you want to watch TV?**
（あなたはテレビを見たいですか。）

確認問題

1 次の日本文に合うように，（　　）内から適する語を選びましょう。

(1) 私はTシャツが欲しいです。　　　　I (want to / want / to) a T-shirt.

(2) 私は走りたいです。　　　　　　　I (to / want / want to) run.

(3) 私は牛乳を飲みたくありません。　 I don't (want / want to / to) drink milk.

(4) あなたはマンガを読みたいですか。　Do you (to / want / want to) read comics?

2 次の日本文に合うように，＿＿に適する語を ┈┈ 内から選びましょう。

(1) 私は野球をしたいです。　　　　　I ＿＿＿＿＿＿＿＿ play baseball.

(2) あなたはピザが欲しいですか。　　Do you ＿＿＿＿＿＿＿ pizza?

(3) 私は本を読みたくありません。　　I ＿＿＿＿＿＿＿＿ read a book.

┈┈┈┈┈┈┈┈┈┈┈┈┈┈┈┈┈┈┈
want　want to　don't want to
┈┈┈┈┈┈┈┈┈┈┈┈┈┈┈┈┈┈┈

1 次の日本文に合うように，_____に適する語を書きましょう。

(1) 私は数学を勉強したくありません。

I ＿＿＿＿＿＿＿＿ ＿＿＿＿＿＿＿＿ ＿＿＿＿＿＿＿＿ study math.

(2) 私は家に帰りたいです。

I ＿＿＿＿＿＿＿＿ ＿＿＿＿＿＿＿＿ go home.

(3) あなたは犬を飼いたいですか。

＿＿＿＿＿＿＿＿ you ＿＿＿＿＿＿＿＿ ＿＿＿＿＿＿＿＿ have a dog?

2 次の英文の日本語訳を書きましょう。

(1) I don't want water. 私は水（ ）。

(2) Do you want to see a mountain? あなたは山（ ）。

(3) I want to drive a car. 私は車（ ）。

3 次の日本文に合うように，（　）内の語(句)を並べかえましょう。

(1) 私は泳ぎたくありません。 (do / want / swim / not / I / to).

＿＿＿＿＿＿＿＿＿＿＿＿＿＿＿＿＿＿＿＿＿＿＿＿＿＿＿＿＿＿ .

(2) 私はコップが欲しいです。 (a cup / I / want).

＿＿＿＿＿＿＿＿＿＿＿＿＿＿＿＿＿＿＿＿＿＿＿＿＿＿＿＿＿＿ .

(3) あなたは英語を勉強したいですか。 (study / to / want / English / you / do)?

＿＿＿＿＿＿＿＿＿＿＿＿＿＿＿＿＿＿＿＿＿＿＿＿＿＿＿＿＿＿ ?

wantの直後が名詞か動詞かで見分けよう。

4 音声を聞いて，それに対する答えを英語で書きましょう。

＿＿＿＿＿＿＿＿＿＿＿＿＿＿＿＿＿＿＿＿＿＿＿＿＿＿＿＿＿＿

きこう！ 音声データ

6 How many ~?「どれくらい / いくつ~ですか」

✔チェックしよう！

☝覚えよう 〈How old ＋疑問文 ?〉- 人や動物の年齢や建物の古さ
〈How long ＋疑問文 ?〉- 長さや期間
〈How far ＋疑問文 ?〉- 距離
〈How tall ＋疑問文 ?〉- 高さ
｝をたずねる。

✌覚えよう how を使った疑問文には，たずねられていることを
それぞれ具体的に答える。

［how old の文］

How old are you?　— I'm twelve years old.
（あなたは何歳ですか。）　　　（私は 12 歳です。）

✋覚えよう 「いくつ~」と〈数〉をたずねるときは〈How many ＋名詞の複数形~?〉の語順。

名詞の複数形については，詳しくはP.24で説明
するよ。

［how many の文］

How many books do you have?
（あなたは何冊の本を持っていますか。）

— I have five books.　（私は 5 冊の本を持っています。）

確認問題

☝ ① 次の日本文に合うように，_____ に適する語を書きましょう。

(1) ユキは何歳ですか。　　　　　　　　　_____ old is Yuki?

(2) 木曽川はどれくらい長いですか。　　_____ is Kiso River?

✌ ② 次の対話の答えになる英文を，___ 内から選び，記号を書きましょう。

A：How old is your sister?

B：[　　　　]

ア　She is ten.
イ　Yes, she is.
ウ　No, she isn't.

✋ ③ 次の日本文に合うように，（　　）内から適する語を選びましょう。

(1) あなたは何本のペンが欲しいですか。　　How many (pen / pens) do you want?

(2) あなたは何匹のネコが見えますか。　　　How (many / much) cats do you see?

1 次の日本文に合うように，＿＿＿＿に適する語を書きましょう。

(1) あなたは何歳ですか。―私は 13 歳です。

＿＿＿＿＿＿ ＿＿＿＿＿＿ are you? — I'm thirteen years old.

(2) あなたはこの店で本を何冊買いますか。―私は 4 冊買います。

＿＿＿＿＿＿ ＿＿＿＿＿＿ ＿＿＿＿＿＿ do you buy at this store?

— I buy four ＿＿＿＿＿＿.

2 次の日本文に合うように，（　　）内の語を並べかえましょう。

(1) トムはどのくらい背が高いですか。 （tall / how / is) Tom?

＿＿＿＿＿＿＿＿＿＿＿＿＿＿＿＿＿＿ Tom?

(2) あなたの学校はどのくらいの古さですか。 （your / old / how / is) school?

＿＿＿＿＿＿＿＿＿＿＿＿＿＿＿＿＿ school?

(3) 神戸はここからどのくらいの距離ですか。 （far / Kobe / how / is) from here?

＿＿＿＿＿＿＿＿＿＿＿＿＿＿＿＿＿ from here?

3 次の下線部を問う疑問文を英語で書きましょう。

(1) 年齢は years old を省略することもできるよ。

(1) Tom's sister is <u>twenty</u>.

20 歳

＿＿＿＿＿＿＿＿＿＿＿＿＿＿＿＿＿＿＿＿＿＿＿＿

(2) You have <u>five</u> cups.

＿＿＿＿＿＿＿＿＿＿＿＿＿＿＿＿＿＿＿＿＿＿＿＿

4 音声を聞いて，それに対する答えを英語で書きましょう。

きこう！ 音声データ

(1) ＿＿＿＿＿＿＿＿＿＿＿＿＿＿＿＿＿＿＿＿＿

(2) ＿＿＿＿＿＿＿＿＿＿＿＿＿＿＿＿＿＿＿＿＿

1 名詞の単数形・複数形

✔チェックしよう！

☑️ 名詞とは，人やものを表す語のこと。名詞が1つのものを表すときの形を「単数形」，2つ以上のものを表すときの形を「複数形」と言う。

☑️ 名詞には「数えられる名詞」と「数えられない名詞」がある。

👆 **覚えよう** 決まった形のないもの，目に見えないもの，人名，地名，国名などは，「数えられない名詞」。

water（水）　　math（数学）　　Tom（トム）　　など

✌️ **覚えよう** 単数形の「数えられる名詞」の前には a を，＊母音の発音で始まるものは an を置く。ただし，「数えられない名詞」は前に a や an を置かず，複数形にもならない。
＊母音…日本語の「ア・イ・ウ・エ・オ」に近い音

a book（(1冊の)本）　　an apple（(1個の)リンゴ）
[ブック]　　　　　　　　　[アープル]

✌️ **覚えよう** 複数形の作り方は単語の語尾で決まる。

名詞の種類	複数形の作り方	単数形 → 複数形
多くの名詞	s をつける	book（本）→ books pen（ペン）→ pens
語尾が o, x, s, ch, sh	es をつける	bus（バス）→ buses watch（腕時計）→ watches
語尾が〈＊子音字＋y〉	y を i にして es をつける	country（国）→ countries family（家族）→ families
語尾が f, fe	f, fe を v にして es をつける	leaf（葉）→ leaves knife（ナイフ）→ knives
不規則に変化する		woman（女性）→ women child（子ども）→ children

＊子音字…母音字（a, i, u, e, o）以外の文字

確認問題

1 次の名詞を単数形で表すとき，（　）内から適する語を選びましょう。

(1) (a / an) book　　(2) (a / an) apple　　(3) (a / an) egg

2 次の名詞を複数形に書きかえましょう。

(1) watch ＿＿＿＿＿　　(2) country ＿＿＿＿＿　　(3) knife ＿＿＿＿＿

1 次の日本語に合うように，＿＿＿に *a* か *an* を書きましょう。

(1) 1台の自転車 ＿＿＿＿＿＿ bike

(2) 1匹のアリ ＿＿＿＿＿＿ ant

(3) 1本の傘 ＿＿＿＿＿＿ umbrella

(4) 1冊の本 ＿＿＿＿＿＿ book

2 次の英文の（　）内の語を複数形に書きかえましょう。変える必要がないものはそのまま書くこと。

(1) I need five (pencil). ＿＿＿＿＿＿＿＿

(2) You eat two (tomato). ＿＿＿＿＿＿＿＿

(3) You have three (child). ＿＿＿＿＿＿＿＿

(4) I study (math). ＿＿＿＿＿＿＿＿

(5) I have two (hat). ＿＿＿＿＿＿＿＿

(6) You drink (water). ＿＿＿＿＿＿＿＿

3 次の英文の下線部を，（　）内の意味の英語に書きかえましょう。

(1) You need five oranges. （「1つのオレンジ」）

＿＿＿＿＿＿＿＿＿＿＿＿＿＿

(2) I use a dictionary. （「2冊の辞書」）

＿＿＿＿＿＿＿＿＿＿＿＿＿＿

4 音声を聞いて，聞き取った単語を複数形にして書きましょう。

(1) ＿＿＿＿＿＿＿＿＿

(2) ＿＿＿＿＿＿＿＿＿

(3) ＿＿＿＿＿＿＿＿＿

命令文「〜しなさい」「〜してください」

✔チェックしよう！

☑ 相手に「〜しなさい」,「〜してはいけません」と言う文を，命令文という。

☑ 形容詞とは，quiet「静かな」や old「古い」など，名詞の状態や性質などを説明する言葉。

👆覚えよう 「〜しなさい」という一般動詞の命令文は，主語を省略し，動詞の原形で文を始める。

Use this pen.　（このペンを使いなさい。）

✌覚えよう 形容詞を使った be 動詞の命令文は，Be で文を始める。

Be quiet.　（静かにしなさい。）

> beはbe動詞（am, are, is）の原形だよ。

🤟覚えよう 「〜してください」というていねいな命令文は，〈Please ＋動詞の原形〜.〉または〈動詞の原形〜, please.〉と表す。

Please help me.　（私を助けてください。）
Help me, please.　（私を助けてください。）

確認問題

👆 **1** 次の英文の日本語訳を書きましょう。

(1) Study English.　　　　　英語を（　　　　　　　　　　）。

(2) Clean your room.　　　　自分の部屋を（　　　　　　　　　）。

✌ **2** 次の日本文に合うように，（　　）内から適する語を選びましょう。

(1) 静かにしなさい。　　　　(Is / Be) quiet.

(2) よい子でいなさい。　　　(Be / Is) a good boy.

🤟 **3** 次の日本文に合うように，＿＿＿＿に適する語を書きましょう。

(1) 聞いてください。　　　　　＿＿＿＿＿＿ listen.

(2) この鉛筆を使ってください。　Use this pencil, ＿＿＿＿＿.

> 「〜してください」というていねいな命令文は，表し方が2通りあったね。

1 次の日本文に合うように，_____に適する語を書きましょう。

(1) 優しくしなさい。　　　　_____ kind.

(2) この本を読みなさい。　　_____ this book.

(3) ここに来てください。　　_____ _____ here.

(4) 静かにしてください。　　_____ quiet, _____ .

2 次の英文を，（　　）内の指示に合うように書きかえましょう。

(1) You eat breakfast. （「〜しなさい」という文に）

_____

(2) You bring your cup. （「〜してください」という文に）

_____

(3) You are honest. （「〜でありなさい」という文に）
　　　　　　　　正直な

_____

3 次の英文の日本語訳を書きましょう。

(1) Wash your hands.

（　　　　　　　　　　　　　　　　　　　　　）

(2) Speak Japanese, please.

（　　　　　　　　　　　　　　　　　　　　　）

(3) Be kind to old people.

（　　　　　　　　　　　　　　　　　　　　　）

4 対話文を聞いて，その一部を抜き出した以下の文の_____に，聞き取った英語を書きましょう。

_____ use my computer. _____ use this one.

2 What time ~?「何時に~しますか?」

✔ チェックしよう！

覚えよう 「何時ですか」とたずねるときは，What time is it? と質問する。
そして，それに対する返事は It is (It's) ~を使って，
具体的に〈時刻〉を答える。

使い方
What time is it?
（何時ですか。）

— It's nine (o'clock).
（9時です。）

覚えよう 「何時に~しますか」とたずねるときは，
〈What time + 一般動詞の疑問文？〉という形で質問する。
そして，それに対する返事は，一般動詞を使って〈時刻〉を答える。

使い方
What time do you eat dinner?
（あなたは何時に夕飯を食べますか。）

— I eat dinner at six.
（私は6時に夕食を食べます。）

☑ 時刻をたずねる時は，通常の疑問文の前に What time をつける。
→ 「もの」を聞きたいときに，疑問文の前に「what」をつけるのと同じ。

> 時間を答えるときの
> 主語は，Itだよ。

確認問題

1 次の日本文に合うように，（　　）内から適する語を選びましょう。

今，何時ですか。— 8時です。

What (time / day) is it now?　— (This / It) is eight o'clock.

2 次の日本文に合うように，（　　）内の語を並びかえましょう。

あなたは何時に朝食を食べますか。(time / what / do) you eat breakfast?

_____ you eat breakfast?

3 次の対話文の_____に適する語を書きましょう。

(1)　A : What _____ is it now?　　B : It's nine.

(2)　A : _____ _____ do you take a bath?　　B : I take a bath at six.

1 次の日本文に合うように，＿＿＿＿に適する語を書きましょう。

(1) 今，何時ですか。 ＿＿＿＿＿＿＿ time is it now?

(2) あなたは何時に起きますか。 ＿＿＿＿＿ ＿＿＿＿＿ do you get up?

(3) あなたは何時に寝ますか。 What ＿＿＿＿＿ ＿＿＿＿＿you go to bed?

2 次の英文の日本語訳を書きましょう。

(1) What time is it? — It's five o'clock.

（ ）ですか。 —（ ）です。

(2) What time do you go to school? — I go to school at eight.

あなたは，何時に学校に行きますか。 —（ ）。

(3) What time do you go for a walk? — I go for a walk at nine.

（ ）— 私は，9時に散歩に行きます。

3 次の下線部を問う疑問文を英語で書きましょう。

　　　　　　　　　　　　　　　　　　Itの訳し方に気をつけよう。

(1) It's four thirty now. ＿＿＿＿＿＿＿＿＿＿＿

(2) You get up at seven. ＿＿＿＿＿＿＿＿＿＿＿

4 次のような状況では何というか，英語で書きましょう。ただし，数字も英語で書くこと。

(1) 相手に，毎日何時にお風呂に入るかをたずねるとき。

＿＿＿＿＿＿＿＿＿＿＿＿＿＿＿＿＿＿＿＿＿

(2) ((1)に6語で答えて) 9時に入りますと答えるとき。

＿＿＿＿＿＿＿＿＿＿＿＿＿＿＿＿＿＿＿＿＿

5 音声を聞いて，それに対する答えを英語で書きましょう。

きこう！
音声データ

(1) ＿＿＿＿＿＿＿＿＿＿＿＿＿＿＿＿＿＿＿＿＿

(2) ＿＿＿＿＿＿＿＿＿＿＿＿＿＿＿＿＿＿＿＿＿

3 What＋名詞「何の…が〜ですか？」

✔チェックしよう！

☝ **覚えよう**　「何の〔どのような〕…が〜ですか」，「何の〔どのような〕…が〜しますか」
は〈What ＋名詞＋疑問文？〉の語順。

✌ **覚えよう**　〈What ＋名詞＋疑問文？〉の語順で質問されたら，
たずねられた範囲の〈もの・こと〉を具体的に答える。

　　What ＋名詞の疑問文

例① （What ＋名詞＋一般動詞の疑問文）

　　What color do you like?　　（あなたは何色が好きですか。）
　　— **I like blue.**　（私は青色が好きです。）

例② （What ＋名詞＋ be 動詞の疑問文）

　　What food is this?　　（これは，何という食べ物ですか。）
　　— **It's a melon.**　（これはメロンです。）

> What＋名詞の質問を作れるようになろう。

確認問題

☝ **1** 次の日本文に合うように，（　　）内の語を並びかえましょう。

(1) あなたは，何の車を買いますか。　(do / car / you / what / buy)?

_____?

(2) あなたは，何の果物が好きですか。　(fruits / you / what / like / do)?

_____?

☝ **2** 次の日本文に合うように，（　　）内から適する語を選びましょう。

(What / When) subject do you like?

✌ **3** 次の対話の答えになる英文を，次の□□□の中から選び，記号で書きましょう。

A : What animals do you like?

B : [　　　　]

ア　I like dogs.
イ　I like math.
ウ　I like eggs.

1 次の英文の日本語訳を書きましょう。

(1) What game do they play? （　　　　　　　　　　　　　　　　）

(2) What season do you like? （　　　　　　　　　　　　　　　　）

(3) What subject do you study? （　　　　　　　　　　　　　　　　）

2 次の日本文に合うように，（　　）内の語を並びかえましょう。

(1) これは何語ですか。(this / what / is / language)?

　_____?

(2) あなたは，何の本を読みますか。(read / you / book / do / what)?

　_____?

(3) あなたは，何のスポーツをしますか。(sports / what / play / do / you)?

　_____?

3 次の日本語に適するように，_____に当てはまる言葉を書きましょう。

これは，何というゲームですか。—これは，ジグソーパズルです。

_____ game is this?　— It's a jigsaw puzzle.

4 次の日本文の英語訳を書きましょう。

> 範囲を限定して，
> 質問に答えよう。

(1) あなたは何の音楽を楽しみますか。

　_____

(2) ((1)に3語で答えて) 私は，ジャズを楽しみます。

　　　　　　　　　　jazz

　_____

5 音声を聞いて，それに対する答えの文になるように，
_____に適する語を書きましょう。

(1) _____ _____ purple.

(2) _____ _____ summer.

疑問詞のまとめ

✔ チェックしよう！

☑️ 疑問詞とは，「何」，「いつ」，「どこ」など具体的にたずねるときの言葉で，文頭に置いて使う。

☑️ 疑問詞を使った疑問文には，YesやNoを使わずに具体的に〈もの・こと〉を答える。

👆覚えよう　疑問詞　何：what　　どう，どのように：how
　　　　　　　　　誰：who　　いつ：when　　どこ：where

✌️覚えよう　疑問詞を使った疑問文の語順は〈疑問詞＋疑問文？〉となる。

What is this?　　　　Who is he?
（これは何ですか。）　　　　（彼は誰ですか。）

🤟覚えよう　howを使った疑問文には，たずねられていることをそれぞれ具体的に答える。

〈How old＋疑問文？〉-人や動物の年齢や建物の古さ

〈How long＋疑問文？〉-長さや時間

〈How far＋疑問文？〉-距離

〈How tall＋疑問文？〉-高さ

〈How much＋名詞＋疑問文？〉-量

〈How many＋名詞の複数形＋疑問文？〉-数

名詞が「数えられる名詞」ならhow many，
「数えられない名詞」ならhow muchを使うよ。

確認問題

👆 1 次の日本文に合うように，＿＿＿に適する語を書きましょう。

(1) あれは何ですか。 ＿＿＿＿＿＿ is that?

(2) 着物とは何ですか。 ＿＿＿＿＿＿ *kimono*?

(3) あの女の子は誰ですか。 ＿＿＿＿＿＿ is that girl?

(4) 私のペンはどこですか。 ＿＿＿＿＿＿ is my pen?

(5) あなたの誕生日はいつですか。 ＿＿＿＿＿＿ is your birthday?

(6) あなたはどこにいきますか。 ＿＿＿＿＿＿ do you go?

(7) あなたは何のスポーツが好きですか。 ＿＿＿＿＿＿ sport do you like?

✌️ 2 次の日本文に合うように，＿＿＿に適する語を書きましょう。

(1) 彼は何歳ですか。 How ＿＿＿＿＿＿ is he?

(2) あなたの身長はどれくらいですか。 How ＿＿＿＿＿＿ are you?

1 次の日本文に合うように，＿＿＿に適する語を書きましょう。

(1) あなたは何を持っていますか。 ― 私はかばんを持っています。

＿＿＿＿＿＿ ＿＿＿＿＿＿ you have? ― I ＿＿＿＿＿＿ a bag.

(2) あなたはどうやって公園に行きますか。 ― 電車で行きます。

＿＿＿＿＿＿ ＿＿＿＿＿＿ you go to the park? ― ＿＿＿＿＿ train.

(3) あちらはどなたですか。 ― あちらはマキです。

＿＿＿＿＿＿ ＿＿＿＿＿＿ that? ― ＿＿＿＿＿ Maki.

> By ～ . ((交通手段)で
> 行きます。)とだけ
> 言うこともできるよ。

(4) あなたの学校はどれくらいの古さですか。 ― 60 年です。

＿＿＿＿＿＿ ＿＿＿＿＿＿ is your school? ― It's 60 years old.

2 次の下線部を問う疑問文を英語で書きましょう。

(1) That woman is Ms. Brown.

＿＿＿＿＿＿＿＿＿＿＿＿＿＿＿＿

(2) She is thirteen years old.

＿＿＿＿＿＿＿＿＿＿＿＿＿＿＿＿

(3) You use a pencil.

＿＿＿＿＿＿＿＿＿＿＿＿＿＿＿＿

(4) The zoo is near my house.

＿＿＿＿＿＿＿＿＿＿＿＿＿＿＿＿

3 次の日本文に合うように，（ ）内の語(句)を並べかえましょう。

(1) パーティーはいつですか。 (the party / when / is)?

＿＿＿＿＿＿＿＿＿＿＿＿＿＿＿＿＿＿＿ ?

(2) あなたは何の本を読みますか。 (read / you / book / do / what)?

＿＿＿＿＿＿＿＿＿＿＿＿＿＿＿＿＿＿＿ ?

4 音声を聞いて，それに対する答えを英語で書きましょう。

きこう!
音声
データ

(1) ＿＿＿＿＿＿＿＿＿＿＿＿＿＿＿＿

(2) ＿＿＿＿＿＿＿＿＿＿＿＿＿＿＿＿

1 前置詞

✔チェックしよう！

☑ 前置詞とは，名詞［代名詞］の前に置いて〈場所〉〈時〉などを表す語句を作る言葉。

👆覚えよう　〈場所〉を表す前置詞

at	～で[に]	near	～の近くに
on	～(の上)に	from	～から
in	～(の中)に	to	～へ

My book is **in** this bag.
(私の本はこのかばんの中にあります。)

〈be動詞＋<u>from</u> ～〉は「～出身だ」という意味を表す，決まった言い方だよ。

✌覚えよう　〈時〉を表す前置詞

at	～に	for	～の間
after	～のあとに	in	～に
before	～の前に	on	～に

I cook **on** Sunday.
(私は日曜日に料理をします。)

✋覚えよう　そのほかの前置詞

about	～について	like	～のような
by	～によって	of	～の
for	～のために，～として	with	～と一緒に

They come **by** train.
(彼らは電車で来ます。)

確認問題

👆 **1** 次の日本文に合うように，（　　）内から適する語を選びましょう。

(1) 私のかばんは私の部屋の中にあります。My bag is (on / in) my room.

(2) 私は図書館へ行きます。　　　　　　I go (to / from) the library.

✌ **2** 次の英文の日本語訳を書きましょう。

(1) I practice the piano on Tuesday. 私は（　　　　　　　）ピアノを練習します。

(2) I read a book before class. 　　　私は授業の（　　　　　　　）本を読みます。

✋ **3** 次の日本文に合うように，＿＿に適する語を書きましょう。

彼らはバスで学校へ行きます。　　　They go to school ＿＿＿＿＿ bus.

練習問題

1 次の日本文に合うように，＿＿＿に適する語を ⟦　⟧ 内から選びましょう。

(1) あなたは5時に起きます。

You get up ＿＿＿＿＿ five.

(2) これは彼女のためのケーキです。

This cake is ＿＿＿＿＿ her.

(3) 私のぼうしはいすの上にあります。

My hat is ＿＿＿＿＿ the chair.

(4) 彼らは冬にスキーをします。

They ski ＿＿＿＿＿ winter.

(5) 私は公園の近くに住んでいます。

I live ＿＿＿＿＿ the park.

(6) 私は科学についての本を読みます。

I read a book ＿＿＿＿＿ science.

⟦　about　at　for　in　near　on　⟧

2 次の日本文に合うように，（　　）内の語を並べかえましょう。

(1) 私は放課後に野球をします。 （after / play / I / baseball）school.

＿＿＿＿＿＿＿＿＿＿＿＿＿＿＿＿＿＿＿＿＿＿＿ school.

(2) 彼らは家で勉強します。 （study / home / they / at）.

＿＿＿＿＿＿＿＿＿＿＿＿＿＿＿＿＿＿＿＿＿＿＿ .

3 次の英文の日本語訳を書きましょう。

(1) They go to Kobe by plane.
　　　　　飛行機
（　　　　　　　　　　　　　　　）

(2) I take a bath before dinner. （　　　　　　　　　　　　　　　）

(3) I have lunch with my friends. （　　　　　　　　　　　　　　　）

4 音声を聞いて，それに対する答えの文になるように，
＿＿＿に適する前置詞を書きましょう。

(1) ＿＿＿＿＿＿＿ Tokyo Station.

(2) ＿＿＿＿＿＿＿ seven.

1 like 〜ing「〜することが好きです」

✔チェックしよう！

👆**覚えよう** like to 〜 / like 〜ing で「〜をすることが好きです」という意味を表す。

肯定文 You like playing soccer.
= You like to play soccer.
（あなたはサッカーをすることが好きです。）

✌**覚えよう** 否定文では，〈主語 +do not［don't］+like 〜ing 〜 .〉の語順で表す。

否定文 You do not like playing soccer.
（あなたはサッカーをすることが好きではありません。）

🤟**覚えよう** 疑問文では，〈Do+ 主語 +like 〜ing 〜 ?〉の語順で表す。

疑問文 Do you like playing soccer?
（あなたはサッカーをすることが好きですか。）

— Yes, I do. （はい，好きです。）　— No, I do not［don't］. （いいえ，好きではありません。）

> wantのときはtoをつけることでそのあとにつく動詞を名詞化したけど，likeのときはtoだけじゃなく，〜ingの形で「〜することが好き」のように表すこともできるよ。

確認問題

👆
✌ **1** 次の日本文に合うように，＿＿＿に適する語を書きましょう。

(1) 私はマンガを読むことが好きです。

I ＿＿＿＿＿＿ ＿＿＿＿＿＿ comics.

(2) 私は英語を勉強することが好きではありません。

I ＿＿＿＿＿＿ ＿＿＿＿＿＿ English.

 2 次の日本文に合うように，（　　）内の語（句）を並べかえましょう。

(1) 私は旅行をすることが好きではありません。(like / traveling / don't / I).

＿＿＿＿＿＿＿＿＿＿＿＿＿＿＿＿＿＿＿＿ .

(2) あなたは一人で暮らすことが好きですか。(alone / you / living / do / like) ?

＿＿＿＿＿＿＿＿＿＿＿＿＿＿＿＿＿＿＿＿ ?

(3) あなたは本を読むことが好きですか。(you / like / do / reading / books) ?

＿＿＿＿＿＿＿＿＿＿＿＿＿＿＿＿＿＿＿＿ ?

1 次の日本文に合うように，_____に適する語を書きましょう。

(1) 私は公園で走ることが好きです。

I _____ _____ in the park.

(2) 私は野球をすることが好きではありません。

I _____ _____ _____ baseball.

(3) あなたはお風呂に入ることが好きですか。

Do _____ _____ _____ a bath?

(4) 私は辞書を使うことが好きではありません。

I _____ _____ _____ a dictionary.

2 次の日本文に合うように，（　　）内の語（句）を並べかえましょう。

(1) 私はピアノを弾くことが好きです。

(like / playing / the/ I) piano.

_____piano.

(2) あなたは部屋を掃除することが好きですか。

(your room / do / like / cleaning / you)？
掃除すること

_____？

(3) 私は英語を話すことが好きではありません。

I (like / don't / English / speaking).

I _____.

3 次の英文が左右で同じ意味になるように，_____に適する語を書きましょう。

(1) I like to eat dessert.　　　　I _____ _____ dessert.

(2) Do you like to watch birds?　Do you _____ _____ birds?

(3) I like traveling abroad.　　　I _____ _____ abroad.

> 「like to＋動詞」を2語で表すには
> 「like～ing」にするんだったね。

4 音声を聞いて，それに対する
答えの文になるように，_____に適する語を書きましょう。

きこう！ 音声データ

(1) No, _____ _____.

(2) Yes, _____ _____.

2 be good at 〜ing 「〜することが得意です」

チェックしよう！

覚えよう be 動詞 + good at 〜ing で「〜することが得意です」という意味を表す。

主語　be動詞　　good at 〜ing

肯定文 You **are good at playing** basketball.
（あなたはバスケットボールをすることが得意です。）

覚えよう 否定文では，〈主語 +be 動詞 +not+good at 〜ing 〜 .〉の語順で表す。

否定文 You **are not good at playing** basketball.
（あなたはバスケットボールをすることが得意ではありません。）

覚えよう 疑問文では，〈Be 動詞 + 主語 +good at 〜ing 〜 ?〉の語順で表す。

疑問文 **Are** you **good at playing** basketball?
（あなたはバスケットボールをすることが得意ですか。）

— Yes, I am.（はい，得意です。）

— No, I am not[I'm not].（いいえ，得意ではありません。）

> be動詞の部分は，短縮形を使ってもいいよ。

確認問題

 1 次の日本文に合うように，_____に適する語を書きましょう。

(1) 私は野球をすることが得意です。

I _____ _____ _____ _____ baseball.

(2) 私は走ることが得意です。

I _____ _____ _____ _____ .

2 次の日本文に合うように，（　　）内の語(句)を並べかえましょう。

(1) 私は料理をすることが得意ではありません。(am / I / cooking / not / good at) .

_____ .

(2) 彼女は辞書を使うことが得意ではありません。(a dictionary / she / good at / isn't / using) .

_____ .

(3) あなたは写真を撮ることが得意ですか。(you / good at / are / taking / pictures) ?

_____ ?

1 次の日本文に合うように，＿＿＿＿に適する語を書きましょう。

(1) ケンは海で泳ぐことが得意です。

Ken ＿＿＿＿＿＿ ＿＿＿＿＿＿ ＿＿＿＿＿＿ ＿＿＿＿＿＿ in the sea.

(2) メアリーはコンピュータを使うことが得意ではありません。

Mary ＿＿＿＿＿＿ ＿＿＿＿＿＿ ＿＿＿＿＿＿ ＿＿＿＿＿＿ ＿＿＿＿＿＿ a computer.

(3) あなたは英語を話すことが得意ですか。

＿＿＿＿＿＿ you ＿＿＿＿＿＿ ＿＿＿＿＿＿ ＿＿＿＿＿＿ English?

(4) あなたは部屋を掃除することが得意ですか。

＿＿＿＿＿＿ you ＿＿＿＿＿＿ ＿＿＿＿＿＿ ＿＿＿＿＿＿ your room?

2 次の日本文に合うように，（　　）内の語(句)を並べかえましょう。

(1) ケンはギターを弾くことが得意ですか。

(Ken / playing / is / good at / the guitar)?

＿＿＿＿＿＿＿＿＿＿＿＿＿＿＿＿＿＿＿＿＿＿＿＿＿＿＿＿＿ ?

(2) 彼はピアノを弾くことが得意です。

(the piano / he / good at / playing / is).

＿＿＿＿＿＿＿＿＿＿＿＿＿＿＿＿＿＿＿＿＿＿＿＿＿＿＿＿＿ .

(3) 彼女は日本語を書くことが得意ではありません。

(good at / not / she / Japansese / writing / is).

＿＿＿＿＿＿＿＿＿＿＿＿＿＿＿＿＿＿＿＿＿＿＿＿＿＿＿＿＿ .

3 次の日本文の英語訳を書きましょう。

(1) 私はバレーボールをすることが得意です。

「～すること」は～ingで表せるんだったね。

＿＿＿＿＿＿＿＿＿＿＿＿＿＿＿＿＿＿＿＿＿＿＿＿＿＿＿＿＿＿＿

(2) ユミはピアノを弾くことが得意ではありません。

＿＿＿＿＿＿＿＿＿＿＿＿＿＿＿＿＿＿＿＿＿＿＿＿＿＿＿＿＿＿＿

4 音声を聞いて，それに対する
答えの文になるように，＿＿＿＿に適する語を書きましょう。

きこう！
音声
データ

(1) No, ＿＿＿＿＿＿ ＿＿＿＿＿＿ .

(2) Yes, ＿＿＿＿＿＿ ＿＿＿＿＿＿ .

1 三人称単数現在形 s/es のつけ方

✔チェックしよう！

☑ 「私」は一人称，「あなた」は二人称，それ以外を三人称という。
☑ 三人称単数とは，I と you 以外の「彼は」he や「彼女は」she，
「このペン」this pen，「あの本」that book などの，1人の人・1つのものをいう。

☞ **覚えよう** 三人称単数が主語の一般動詞の文では，動詞の語尾にs かes をつける。

	動詞の原形と意味	-(e)s の形
そのまま s をつける	play((スポーツなど)をする, 遊ぶ)	plays
後ろに es をつける	watch(～を見る) go(行く)	watches goes
y を i にして es をつける	study(～を勉強する)	studies
不規則に変化する	have(～を持っている, ～を食べる, 　　　～を飼っている)	has

☞ **覚えよう** 〈主語 + 動詞～ .〉の語順で，「…は～します」という意味。

主語　一般動詞
He plays basketball.
(彼はバスケットボールをします。)

主語　　一般動詞
She studies science.
(彼女は理科を勉強します。)

> 三人称単数のbe動詞には
> isを使うよ。

確認問題

☞ **1** 次の一般動詞を三人称単数が主語のときの形に書きかえましょう。

(1) play ＿＿＿＿＿＿＿＿　　(2) swim ＿＿＿＿＿＿＿＿

(3) wash ＿＿＿＿＿＿＿＿　　(4) study ＿＿＿＿＿＿＿＿

✌ **2** 次の日本文に合うように，＿＿＿に適する語を書きましょう。

(1) 彼はテレビを見ます。

＿＿＿＿＿＿＿＿ ＿＿＿＿＿＿＿＿ TV.

(2) メアリーはウサギを一匹飼っています。

＿＿＿＿＿＿＿＿ ＿＿＿＿＿＿＿＿ a rabbit.

(3) 私の妹は学校へ行きます。

＿＿＿＿＿＿＿＿ ＿＿＿＿＿＿＿＿ ＿＿＿＿＿＿＿＿ to school.

1 次の日本文に合うように，＿＿＿に適する語を［＿＿］内から選び，適切な形に変えて書きましょう。ただし，変える必要がないものはそのまま書くこと。

(1) 彼は走ります。

He ＿＿＿＿＿＿.

(2) 彼女はバスケットボールが好きです。

She ＿＿＿＿＿＿ basketball.

(3) このネコは鳥を捕まえます。

This cat ＿＿＿＿＿＿ birds.

(4) トムは日本語を話します。

Tom ＿＿＿＿＿＿ Japanese.

(5) あなたは昼食を作ります。

You ＿＿＿＿＿＿ lunch.

(6) メアリーは犬を飼っています。

Mary ＿＿＿＿＿＿ a dog.

> make
> speak
> run
> catch
> have
> like

2 次の日本文に合うように，（　　）内の語(句)を並べかえましょう。

(1) 彼女は紅茶を飲みます。　(tea / she / drinks).

＿＿＿＿＿＿＿＿＿＿＿＿＿＿＿＿＿＿.

(2) 彼は英語を勉強します。　(studies / He / English).

＿＿＿＿＿＿＿＿＿＿＿＿＿＿＿＿＿＿.

3 次の英文を，（　　）内の指示に合うように書きかえましょう。

(1) I go to the library. （下線部を「彼は」に変えて）
　　図書館へ

＿＿＿＿＿＿＿＿＿＿＿＿＿＿＿＿＿＿

(2) Babies cry. （下線部を Sara「サラ」に変えて）

＿＿＿＿＿＿＿＿＿＿＿＿＿＿＿＿＿＿

4 次の日本文の英語訳を書きましょう。

> (1) that birdは
> 三人称単数扱いだよ。

(1) あの鳥は魚を食べます。
　　that bird

＿＿＿＿＿＿＿＿＿＿＿＿＿＿＿＿＿＿

(2) 彼女はこれらの皿を洗います。
　　these

＿＿＿＿＿＿＿＿＿＿＿＿＿＿＿＿＿＿

5 音声を聞いて，聞き取った英語を書きましょう。

(1) Ms. Sato ＿＿＿＿＿＿ math.

(2) Yuta ＿＿＿＿＿＿ juice.

(3) The dog ＿＿＿＿＿＿ in the garden.

きこう！
音声データ

2 He / She does not ～. 「彼 / 彼女は～しません」

✔チェックしよう！

覚えよう　三人称単数が主語の一般動詞の文では, 動詞の語尾に e か es をつける。

	動詞の原形と意味	-(e)s の形
そのまま s をつける	play((スポーツなど)をする, 遊ぶ)	plays
後ろに es をつける	watch(～を見る) go(行く)	watches goes
y を i にして es をつける	study(～を勉強する)	studies
不規則に変化する	have(～を持っている, ～を食べる, 　～を飼っている)	has

覚えよう　〈主語 + 動詞～ .〉の語順で, 「…は～します」という意味。

主語　一般動詞
He plays basketball. (彼はバスケットボールをします。)

覚えよう　三人称単数の否定文では, does not を使う。

She does not teach music. (彼女は音楽を教えません。)

> I と you の否定形が
> do not だったことを思い出そう。

確認問題

1　次の (　　　) 内の語を正しい形に変えて, ＿＿＿に書きましょう。

(1)　She (play) tennis.　＿＿＿＿＿＿＿＿＿

(2)　Takashi (study) English.　＿＿＿＿＿＿＿＿＿

2　次の日本文に合うように, ＿＿＿に適する語を書きましょう。

(1)　彼はテレビを見ます。

＿＿＿＿＿＿＿＿ ＿＿＿＿＿＿＿＿ TV.

(2)　彼女は, バスを運転しません。

She ＿＿＿＿＿＿＿＿＿＿＿＿＿＿＿＿＿＿ a bus.

1 次の日本文に合うように，＿＿＿に適する語を書きましょう。

(1) 彼は皿を洗いません。

He does ＿＿＿＿＿ wash the dishes.

(2) 彼女は泣きません。

She ＿＿＿＿＿ ＿＿＿＿＿ cry.

(3) 彼らは本を読みません。

They ＿＿＿＿＿ ＿＿＿＿＿ books.

> does notのあとの動詞
> は原形になるね。

2 次の日本文に合うように，（　　）内の語(句)を並べかえましょう。

(1) 彼は野球をします。　(plays / he / baseball).

＿＿＿＿＿＿＿＿＿＿＿＿＿＿＿＿＿＿＿ .

(2) 彼女は英語の勉強はしません。　She (English / study / does / not).

She ＿＿＿＿＿＿＿＿＿＿＿＿＿＿＿＿ .

(3) マリは大きな犬を飼っています。　(Mari / big / has / a / dog).

＿＿＿＿＿＿＿＿＿＿＿＿＿＿＿＿＿＿＿ .

3 次の日本文の英語訳を書きましょう。

(1) ベッキーは，日本語を話しません。

＿＿＿＿＿＿＿＿＿＿＿＿＿＿＿＿＿＿＿

(2) あの熊は魚を食べます。

＿＿＿＿＿＿＿＿＿＿＿＿＿＿＿＿＿＿＿

4 音声を聞いて，聞き取った英語を書きましょう。

(1) Hana ＿＿＿＿＿ a song.

(2) My brother ＿＿＿＿＿ ＿＿＿＿＿ vegetables.

(3) He ＿＿＿＿＿ ＿＿＿＿＿ fish.

3 Does he / she ～? 「彼 / 彼女は～しますか」

✔チェックしよう！

👆覚えよう　三人称単数が主語の一般動詞の疑問文は，
〈Does ＋主語＋動詞 ～?〉の語順で，「…は～しますか」という意味。

✌覚えよう　動詞は原形にする。

He **watches** movies.
↓
疑問文　Does he <u>watch</u> movies? （彼は映画を見ますか。）

🤟覚えよう　答えるときは，Yes か No と does を使って答える。

答えの文　Yes, he does. 　（はい，（彼は）見ます。）
No, he does not [doesn't].

（いいえ，（彼は）見ません。）

> 答えの文の does や does not は，
> 疑問文の動詞の意味に合わせて訳すよ。

確認問題

👆 1　次の日本文に合うように，（　　）内から適する語を選びましょう。
(1)　彼は本を読みますか。　　　　　　　(Do / Does) he read books?
(2)　あなたの犬は泳ぎますか。　　　　　(Does / Do) your dog swim?

✌ 2　次の日本文に合うように，＿＿＿に適する語を書きましょう。
(1)　彼はサッカーの試合を見ますか。　Does he ＿＿＿＿＿＿ soccer games?
(2)　キョウコは数学を勉強しますか。　＿＿＿＿＿ Kyoko ＿＿＿＿＿ math?

🤟 3　次の日本文に合うように，＿＿＿に適する語を書きましょう。
(1)　ビルは車を運転しますか。―はい，（彼は）運転します。
Does Bill drive a car? ― ＿＿＿＿＿, he ＿＿＿＿＿.
(2)　あなたの妹は夕食を作りますか。―いいえ，（彼女は）作りません。
Does your sister cook dinner? ― ＿＿＿＿＿, she does ＿＿＿＿＿.

1 次の日本文に合うように，_____に適する語を書きましょう。

(1) 彼はユミを知っていますか。

_____ he know Yumi?

(2) エミリーはリンゴが好きですか。—はい，好きです。

Does Emily _____ apples? — Yes, she _____.

(3) あの鳥は飛びますか。—いいえ，飛びません。

_____ that bird fly? — No, it _____.
　　　あの

2 次の日本文に合うように，（　　）内の語（句）を並べかえましょう。

(1) 彼は食べ物を持っていますか。　（hc / does / have）any food?

_____ any food?

(2) あなたの友達は野球をしますか。　（your friend / baseball / play / does）?

_____ ?

3 次の英文を，（　　）内の指示に合うように書きかえましょう。

(1) She cleans this room. （疑問文に）

_____

(2) Do you eat *natto*? （下線部を Tom に変えて）
　　　　　___　納豆

_____

4 音声を聞いて，その内容に合うように，_____に適する英文を書きましょう。

Does Marika play the guitar every day?

- _____

1 人称代名詞の所有格

✔チェックしよう！

 持ち主を表す代名詞には，「～の」という意味で名詞の前に置くもの（所有格）がある。

また，持ち主が推測できる場合にも所有格をつける。

私	あなた	彼	彼女	それ	私たち	あなた たち	彼ら，彼女ら，それら
my	your	his	her	its	our	your	their

This is **her** pen.
（これは彼女のペンです。）

否定文

This is not **her** pen.
（これは彼女のペンではありません。）

疑問文

Is this **her** pen?
（これは彼女のペンですか。）

Iやheなどの主格とは形が変わるんだね。

確認問題

 1 次の日本文に合うように，（　　）内から適する語を選びましょう。

(1) これは私のいすです。

This is (my / me) chair.

(2) それは彼のぼうしですか。

Is it (him / his) cap?

(3) これは私のカップです。

This is (my / me) cup.

(4) あれは彼女の机ですか。

Is that (her / she) desk?

2 次の英文が成り立つように，＿＿＿に適する代名詞の所有格を書きましょう。

(1) Yumi has a piano.　→　This is ＿＿＿＿＿＿＿ piano.

(2) Tom has a bag.　→　It is ＿＿＿＿＿＿＿ bag.

(3) I have a bike.　→　This is ＿＿＿＿＿＿＿ bike.

(4) I have a computer.　→　It is ＿＿＿＿＿＿＿ computer.

1 次の日本文に合うように，＿＿＿内に適する語を書きましょう。

(1) これは彼の DVD です。

This is ＿＿＿＿＿＿ DVD.

(2) あれは私たちの車です。

That is ＿＿＿＿＿＿ car.

(3) あれは彼女のドレスですか。

Is that ＿＿＿＿＿＿ dress?

(4) これは彼の辞書です。

This is ＿＿＿＿＿＿ dictionary.

2 次の英文の下線部を代名詞の所有格に直して英文を書きかえましょう。

(1) These are he shoes. ＿＿＿＿＿＿＿＿＿＿

(2) Those are she glasses. ＿＿＿＿＿＿＿＿＿＿

(3) Is it she notebook? ＿＿＿＿＿＿＿＿＿＿

(4) This is we house. ＿＿＿＿＿＿＿＿＿＿

3 次の日本文の英語訳を書きましょう。

代名詞の所有格は名詞
の前につけるよ。

(1) あれは彼のボールです。

＿＿＿＿＿＿＿＿＿＿＿＿＿＿＿＿＿＿

(2) これは私の鉛筆ですか。

＿＿＿＿＿＿＿＿＿＿＿＿＿＿＿＿＿＿

4 音声を聞いて，聞き取った英語を書きましょう。

きこう！
音声

(1) ＿＿＿＿＿＿＿＿＿＿＿＿＿＿＿＿＿＿

(2) ＿＿＿＿＿＿＿＿＿＿＿＿＿＿＿＿＿＿

2 人称代名詞の目的格

✔チェックしよう！

🫵 **覚えよう** 「〜を[に]」という意味の代名詞（目的格）は，
動詞や前置詞の後ろに置く。

私	あなた	彼	彼女	それ	私たち	あなたたち	彼ら，彼女ら，それら
me	you	him	her	it	us	you	them

🫵 **覚えよう** 代名詞以外の場合の目的格（普通名詞penや固有名詞Emiなど）は
主格と同じ単語を用いる。

I like her. （私は彼女を好きです。）
I like Emi. （私はエミを好きです。）

「あなたを[あなたに]」「あなたたちを[あなたたちに]」は主格も
目的格もyouなので，混乱しないようにしよう。

確認問題

 1 次の日本文に合うように，（　　）内から適する語を選びましょう。

(1) 私はそれが好きです。

I like (it / its).

(2) 彼女は私たちを知っています。

She knows (us / we).

(3) あなたは彼に会いますか。

Do you see (he / him)?

(4) 私はあなたに電話をしません。

I don't call (you / your).

2 次の英文が成り立つように，＿＿＿に適する代名詞の目的格を書きましょう。

(1) That is Ms. Green. I like ＿＿＿＿＿＿.

(2) Who is Mikiko? I don't know ＿＿＿＿＿＿.

(3) These are my balls. I use ＿＿＿＿＿＿.

(4) He is my brother. Do you know ＿＿＿＿＿＿?

1 次の日本文に合うように，＿＿＿＿に適する語を書きましょう。

(1) 私はあなたたちが好きです。

I like ＿＿＿＿＿＿.

(2) 私は彼らと野球をします。

I play baseball with ＿＿＿＿＿＿.

(3) あなたはタロウを知っていますか。

Do you know ＿＿＿＿＿＿?

(4) 私はピアノを弾くのが好きです。毎日それを練習します。

I like playing the piano. I practice ＿＿＿＿＿＿ every day.

2 次の英文の下線部を代名詞の目的格に直して英文を書きかえましょう。

(1) Look at Ms. Brown. ＿＿＿＿＿＿＿＿＿＿

(2) Do you know Bob and Ken? ＿＿＿＿＿＿＿＿＿＿

(3) Who meets Mr. Maeda? ＿＿＿＿＿＿＿＿＿＿

(4) Jiro plays with Max and me in the park.

＿＿＿＿＿＿＿＿＿＿＿＿＿＿＿＿＿

3 次の日本文の英語訳を書きましょう。

（1)代名詞の目的格は動詞の後につけるよ。

(1) 私は彼を手伝います。

＿＿＿＿＿＿＿＿＿＿＿＿＿＿＿＿＿

(2) あなたは彼らと勉強しますか。

＿＿＿＿＿＿＿＿＿＿＿＿＿＿＿＿＿

4 音声を聞いて，聞き取った英語を書きましょう。

きこう！
音声データ

(1) A：Do you know ＿＿＿＿＿＿?

B：Yes, I do. I ＿＿＿＿＿＿ ＿＿＿＿＿＿ on TV.

(2) A：Your mother makes lunch for you. Do you ＿＿＿＿＿＿ ＿＿＿＿＿＿?

B：I ＿＿＿＿＿＿ ＿＿＿＿＿＿!

3 Which ～? 「どちらが～ですか」

✔チェックしよう！

覚えよう 疑問詞 which は「どの」「どちらの」という意味。
「どの[どちらの]…が～ですか」は〈Which ＋名詞＋ be 動詞の疑問文 ?〉，
「どの[どちらの]…が～しますか」は〈Which ＋名詞＋一般動詞の疑問文 ?〉
の語順。

覚えよう 答えの文では，たずねられた範囲の〈もの・こと〉を具体的に答える。

which ＋名詞の疑問文

Which house is yours? ― That white one is.
（どの家があなたのものですか。）　　　　（あの白い家です。）

Which color do you like? ― I like red.
（あなたはどの色が好きですか。）　　（私は赤が好きです。）

覚えよう 「AとBではどちらが～ですか」は，〈Which ～, A or B?〉の語順。

Which do you like, dogs or cats?

（あなたは犬とネコのどちらが好きですか。）

― I like cats. （私はネコが好きです。）

which は what よりもはっきりした範囲の中から何かを選ぶときに使うよ。

確認問題

1 次の日本文に合うように，（　　）内の語を並べかえましょう。

(1) どちらの自転車があなたのものですか。　（bike / is / which）yours?

_____ yours?

(2) あなたはどちらのペンを使いますか。　（which / do / pen）you use?

_____ you use?

2 次の日本文に合うように，（　　）内から適する語を選びましょう。

あなたは紅茶とコーヒーのどちらが好きですか。（What / Which）do you like, tea or coffee?

3 次の英文の日本語訳を書きましょう。

(1) Which pen is yours?　（　　　　　　　　　）ペンがあなたのものですか。

(2) Which color do you like, black or blue?

あなたは黒と青の（　　　　　　　　　）が好きですか。

1 次の日本文に合うように，（　　）内から適する語(句)を選びましょう。

(1) どのぼうしが彼のものですか。

(Which / What) cap is his?

(2) 彼らはどちらのゲームをしますか。

(What / Which) game do they play?

(3) あなたはどちらの映画を見ますか。

(Which / Which movie) do you see?

2 次の日本文に合うように，＿＿＿に適する語を書きましょう。

(1) どの犬がハチですか。一向こうのあの犬です。

＿＿＿＿＿＿ ＿＿＿＿＿＿ is Hachi? — That dog over there is.

(2) あなたは，春と秋のどちらの季節が好きですか。

＿＿＿＿＿＿ season do you like, spring ＿＿＿＿＿＿ fall?

> (2)「A か B」と言うときは，文末を「～, A or B?」とすればいいよ。

3 次の日本文に合うように，（　　）内の語を並べかえましょう。

(1) どちらのかばんが彼のものですか。　(is / bag / which) his?

＿＿＿＿＿＿＿＿＿＿＿＿＿＿＿＿＿＿＿ his?

(2) あなたはどちらの本を読みますか。　(read / you / book / do /which) ?

＿＿＿＿＿＿＿＿＿＿＿＿＿＿＿＿＿＿＿ ?

(3) 彼はどちらの車を運転しますか。　(car / drive / which / he / does)?

＿＿＿＿＿＿＿＿＿＿＿＿＿＿＿＿＿＿＿ ?

4 対話文を聞いて，その内容に合うように，＿＿＿に適する英文を書きましょう。

Which does Hana like, dogs or cats?

— ＿＿＿＿＿＿＿＿＿＿＿＿＿＿＿

4 Whose ~? 「誰の〜ですか」

✔チェックしよう！

☝覚えよう 疑問詞 whose は「誰の」「誰のもの」という意味で,〈持ち主〉をたずねるときに使う。

✌覚えよう 「誰の〜」は〈Whose ＋疑問文 ?〉,または whose のすぐあとに名詞を置いて,〈Whose ＋名詞＋疑問文 ?〉で表すことができる。
答えるときは,具体的に〈持ち主〉を答える。

> whose の疑問文
>
> ## Whose is this book?
> (この本は誰のものですか。)
>
> whose ＋名詞の疑問文
>
> ## Whose book is this?
> (これは誰の本ですか。)

— It is mine [my book].
(それは私のもの [私の本] です。)

✌覚えよう 「〜のもの」という意味の代名詞(所有代名詞)は,〈所有格＋名詞〉のはたらきをする。

私のもの	あなたのもの	彼のもの	彼女のもの	私たちのもの	あなたたちのもの	彼らのもの 彼女らのもの
mine	yours	his	hers	ours	yours	theirs

⌐確認問題◁ – – – – – – – – – – – – – – –

☝ **1** 次の英文の日本語訳を書きましょう。

(1) Whose is this pen?　　　　　　　　このペンは(　　　　　　)ですか。

(2) Whose books are those?　　　　　　あれらは(　　　　　　)本ですか。

✌ **2** 次の日本文に合うように,(　　)内の語を並べかえましょう。

あれは誰の辞書ですか。　(dictionary / is / whose) that?

_____ that?

✌ **3** 次の日本文に合うように,＿＿に適する語を書きましょう。

この自転車は誰のものですか。―それは私のものです。

Whose is this bike? — It is ＿＿＿＿＿＿.

1 次の日本文に合うように，_____に適する語を書きましょう。

(1) あの傘は誰のものですか。―それは彼のものです。

_____ is that umbrella? ― It's _____.

> 持ち主を答えるときは，「～のもの」の所有代名詞，もしくは〈代名詞の所有格＋名詞〉の形を使うよ。

(2) これは誰のボールですか。―それはマキのものです。

_____ _____ is this? ― It's Maki's.

(3) それらは誰のネコですか。―それらは私のものです。

_____ _____ are they? ― They're _____.

2 次の日本文に合うように，（　　）内の語(句)を並べかえましょう。

(1) これらのDVDは誰のものですか。　（are / these DVDs / whose）?

_____ ?

(2) あれは誰のかばんですか。　（whose bag / that / is ）?

_____ ?

3 次の下線部を問う疑問文を英語で書きましょう。

That car is my father's.

_____

4 次の英文の日本語訳を書きましょう。

Whose pencils are those?

(　　　　　　　　　　　　　　　　　　　　　)

5 対話文を聞いて，その最後の発言に続く文として最も適切なものをア～ウから選び記号で答えましょう。

ア It's easy.　　イ It's mine.　　ウ No, thank you.

[　　　　]

1 「～しています」「～していません」

✔チェックしよう！

☑ 「～しています」と，今まさに進行中の動作についていうときは現在進行形を使う。

👆覚えよう 現在進行形は，〈be 動詞＋動詞の ing 形〉で表す。
動詞の ing の形の作り方は，動詞の語尾で決まる。

動詞の種類	動詞の ing 形の作り方	原形 → 動詞の ing 形
多くの動詞	後ろに ing をつける	play → playing ((スポーツなど)をする)
語尾が e	e をとって ing をつける	write → writing （～を書く） take → taking （～をとる）
run など	最後の文字を重ねて ing をつける	run → running （走る） swim → swimming （泳ぐ）

✌覚えよう 否定文にするときは，be 動詞のあとに not を置く。
疑問文にするときは，〈be 動詞 + 主語 + 動詞の ing 形～？〉の語順。

（肯定文） I am running in the park now.
（私は今，公園を走っています。）

（否定文） I am not reading a book.
（私は，本を読んでいません。）

（疑問文） Are you reading a book?
（あなたは本を読んでいますか。）
― Yes, I am. ― No, I am [I'm] not.
（はい，読んでいます。） （いいえ，読んでいません。）

確認問題

👆 **1** 次の動詞の ing 形を書きましょう。

(1) play _____ (2) take _____

(3) run _____

✌ **2** 次の英文の日本語訳を書きましょう。

(1) I am not playing soccer. (   )

(2) Are you eating dinner? (   )

(3) Reina is watching TV. (   )

1 次の日本文に合うように，_____に適する語を ┌─────┐ 内から選び，適切な形に変えて書きましょう。ただし，変える必要がないものはそのまま書くこと。

| are |
| is |
| have |
| make |
| swim |
| walk |

(1) 私は歩いています。　　　　　　I am _____.

(2) ボブは昼食を作っています。　Bob _____ _____ lunch.

(3) 私たちは泳いでいます。　　　We _____ _____.

2 次の日本文に合うように，_____に適する語を書きましょう。

(1) 私は，テレビを見ていません。　　I am _____ _____ TV.

(2) トムは今，走っていますか。―いいえ，走っていません。

　　_____ Tom _____ now? ― No, he _____ _____.

3 次の英文を，（　　）内の指示に合うように書きかえましょう。

(1) Jane drives a car.（進行形に）

　　_____

(2) I run in the schoolyard.（進行形に）

　　_____

(3) My cats are sleeping now.（否定文に）

　　_____

(4) He is washing his car.（疑問文に）

　　_____

動詞の活用を復習しよう。

4 音声を聞いて，それに対する答えを英語で書きましょう。

(1) _____

(2) _____

2 How ~! / What ~!「何て~だ！」

✔チェックしよう！

☑ 驚きや感動を表す文を感嘆文という。

👆覚えよう 「何て~だ！」という感嘆文の表現は〈How+形容詞[副詞]!〉,
〈What (a[an])+形容詞+名詞!〉で表す。

　　　　　　　　　形容詞
　　　How beautiful!　　（何て美しいんだ！）

　　　　　　　形容詞　　名詞
　　　What a cute cat!　（何て可愛いネコなんだ！）

✌覚えよう 〈How+形容詞[副詞]+主語+動詞!〉や
〈What (a[an])+形容詞+名詞+主語+動詞!〉のように，
最後に主語と動詞をつけることもできる。

　　　　　　形容詞　主語　動詞
　　　How nice he is!　（彼は何て優しいんだ！）

　　　　　　　形容詞　　名詞　　　主語　　　　動詞
　　　What a cute shirt she wears!

> 名詞を含む文では What
> を使うと覚えよう。

　（彼女は何て可愛らしいシャツを着ているんだ！）

確認問題

 1 次の英文の日本語訳を書きましょう。

(1) How fast!

　（　　　　　　　　　　　　　　　　　　　　　　　　）

(2) How kind Mr. Saito is!

　（　　　　　　　　　　　　　　　　　　　　　　　　）

(3) What a beautiful flower!

　（　　　　　　　　　　　　　　　　　　　　　　　　）

(4) What a big mountain that is!

　（　　　　　　　　　　　　　　　　　　　　　　　　）

2 次の日本文に合うように，（　　）内から適する語を選びましょう。

(1) 彼は何て背が高いんだ！　　　　　　　(How / What) tall he is!

(2) 何て甘いチョコレートなんだ！　　　　(How / What) a sweet chocolate!

1 次の日本文に合うように，＿＿＿に適する語を書きましょう。

(1) 何ておもしろい本なんだ！ ＿＿＿＿＿＿ an interesting book!

(2) この場所は何て静かなんだ！ ＿＿＿＿＿＿ quiet this place is!

(3) あなたの髪は何て長いんだ！ ＿＿＿＿＿＿ long hair you ＿＿＿＿＿！

(4) グリーンさんは何て裕福なんだ！ ＿＿＿＿＿＿ rich Ms. Green ＿＿＿＿＿！

2 次の日本文に合うように，（　　）内の語(句)を並びかえましょう。

(1) あなたの部屋は何てきれいなんだ！ （your room / clean / how / is)!

＿＿＿＿＿＿＿＿＿＿＿＿＿＿＿＿＿＿＿＿＿＿＿＿＿＿＿＿＿！

(2) あなたの弟は何て頭がいいんだ！ （smart / is / how / your brother)!

＿＿＿＿＿＿＿＿＿＿＿＿＿＿＿＿＿＿＿＿＿＿＿＿＿＿＿＿＿！

(3) 彼は何て声が大きい男なんだ！ （he / man / a loud / what / is)!

＿＿＿＿＿＿＿＿＿＿＿＿＿＿＿＿＿＿＿＿＿＿＿＿＿＿＿＿＿！

(4) あれは何て太ったネコなんだ！ （a / what / is/ fat / cat / that)!

＿＿＿＿＿＿＿＿＿＿＿＿＿＿＿＿＿＿＿＿＿＿＿＿＿＿＿＿＿！

3 次の日本文の英語訳を書きましょう。

(1) 彼は何て流暢に話すんだ！
fluently

＿＿＿＿＿＿＿＿＿＿＿＿＿＿＿＿＿＿＿＿＿＿＿＿＿＿＿＿＿

(2) この川は何て速く流れるんだ！
run

＿＿＿＿＿＿＿＿＿＿＿＿＿＿＿＿＿＿＿＿＿＿＿＿＿＿＿＿＿

(3) 彼女は何て素晴らしい歌手なんだ！

＿＿＿＿＿＿＿＿＿＿＿＿＿＿＿＿＿＿＿＿＿＿＿＿＿＿＿＿＿

howとwhatの使い分けはどうするんだったかな。

4 音声を聞いて，聞き取った英語を書きましょう。

(1) ＿＿＿＿＿ ＿＿＿＿＿ ＿＿＿＿＿ ＿＿＿＿＿ you have!

(2) ＿＿＿＿＿ ＿＿＿＿＿ ＿＿＿＿＿ ＿＿＿＿＿ is!

きこう♪ 音声データ

1 want / try / need to ~.

✔チェックしよう！

☝ **覚えよう** 「～したい」は〈want to+ 動詞の原形〉
「～しようとする」は〈try to+ 動詞の原形〉
「～する必要がある」は〈need to+ 動詞の原形〉で表す。

✌ **覚えよう** 主語が三人称単数のときは，want，try，need の形を変え，
to のあとはいつも動詞の原形になる。

He wants to play the game.
（彼はそのゲームで遊びたいです。）

She tries to stop me.
（彼女は私を止めようとします。）

〈**to**+ 動詞の原形〉は形を変えないように
気をつけよう。

確認問題

☝ **1** 次の英文の日本語訳を書きましょう。

(1) I need to finish my homework.

(　　　　　　　　　　　　　　　　　　　　　　)

(2) My mother wants to go to Hokkaido.

(　　　　　　　　　　　　　　　　　　　　　　)

(3) Emi tries to cook dinner.

(　　　　　　　　　　　　　　　　　　　　　　)

✌ **2** 次の日本文に合うように，（　　）内の語(句)を並べかえましょう。

(1) あなたは部屋を掃除する必要があります。(clean / to / your / you / room / need).

_____.

(2) 彼はマリに会いたがっています。(see / he / Mari / wants / to).

_____.

(3) 田中先生はギターを弾こうとします。(the guitar / Mr. Tanaka / to / tries / play).

_____.

1 次の日本文に合うように，＿＿＿＿に適する語を書きましょう。

(1) 私の犬は私を噛もうとします。　My dog ＿＿＿＿＿＿＿ ＿＿＿＿＿＿ bite me.

(2) 彼は私を止めようとします。　He ＿＿＿＿＿＿ ＿＿＿＿＿＿ stop me.

(3) あなたは今勉強する必要があります。　You ＿＿＿＿＿＿ ＿＿＿＿＿＿ study now.

(4) 私は海外へ旅行したいです。　I ＿＿＿＿＿＿ ＿＿＿＿＿＿ travel abroad.

2 次の英文を（　）内の指示に合うように書きかえましょう。

(1) He wants to go to the theater. （否定文に）

＿＿＿＿＿＿＿＿＿＿＿＿＿＿＿＿＿＿＿＿＿＿＿＿＿

(2) You try to open the door. （疑問文に）

＿＿＿＿＿＿＿＿＿＿＿＿＿＿＿＿＿＿＿＿＿＿＿＿＿

(3) My son needs to eat vegetables. （主語を「彼ら」に変えて）

＿＿＿＿＿＿＿＿＿＿＿＿＿＿＿＿＿＿＿＿＿＿＿＿＿

3 次の日本文の英語訳を書きましょう。

（try の三人称単数現在形はどう変化するのかな。）

(1) あなたは今日昼食を作りたいですか。

＿＿＿＿＿＿＿＿＿＿＿＿＿＿＿＿＿＿＿＿＿＿＿＿＿

(2) トムは毎朝早起きしようとします。

＿＿＿＿＿＿＿＿＿＿＿＿＿＿＿＿＿＿＿＿＿＿＿＿＿

(3) 彼女はそれをする必要がありますか。

＿＿＿＿＿＿＿＿＿＿＿＿＿＿＿＿＿＿＿＿＿＿＿＿＿

(4) 彼は英語を勉強する必要があります。

＿＿＿＿＿＿＿＿＿＿＿＿＿＿＿＿＿＿＿＿＿＿＿＿＿

4 音声を聞いて，聞き取った英語を書きましょう。

(1) She ＿＿＿＿＿＿ to live alone.

(2) Kids ＿＿＿＿＿＿ to sleep a lot.

2 What do you want to ~?「何を~したいですか」

✔チェックしよう！

☝**覚えよう** 「あなたは何を~したいですか」は
〈What do you want to ~?〉の語順で表す。
答えるときは，〈I want to ~.〉を使って具体的に答える。

✌**覚えよう** 主語が三人称単数のときは，
疑問文では do，答えの文では want の形を変える。

What do you want to do now? （あなたは今何をしたいですか。）

— **I want to play the piano.** （私はピアノを弾きたいです。）

What does he want to cook? （彼は何を作りたいですか。）

— **He wants to cook spaghetti.** （彼はスパゲッティを作りたいです。）

🤟**覚えよう** 「あなたは何の…を~したいですか」は what のあとに
「映画」movie，「動物」animal などの具体的な名詞をつけて表す。

> to のあとの動詞は原形
> と決まっていたね。

確認問題

☝✌ **1** 次の日本文に合うように，＿＿＿に適する語を書きましょう。

(1) あなたは何を食べたいですか。

What do you ＿＿＿＿＿ ＿＿＿＿＿ ＿＿＿＿＿ ？

(2) 彼女は何を着たいですか。

What does she ＿＿＿＿＿ ＿＿＿＿＿ ＿＿＿＿＿ ？

(3) あなたは今日何時に寝たいですか。

What ＿＿＿＿＿ do you ＿＿＿＿＿ ＿＿＿＿＿ to bed?

☝🤟 **2** 次の英文の日本語訳を書きましょう。

(1) What do you want to do this weekend?

（ ＿＿＿＿＿ ）

(2) What movie do you want to watch?

（ ＿＿＿＿＿ ）

1 次の日本文に合うように，＿＿＿に適する語を書きましょう。

(1) あなたは何を飲みたいですか。 — 私は牛乳を飲みたいです。

＿＿＿＿ ＿＿＿＿ you ＿＿＿＿ to drink?

— I ＿＿＿＿ ＿＿＿＿ ＿＿＿＿ milk.

(2) 彼は動物園で何の動物を見たいですか。— 彼はゾウを見たいです。

＿＿＿＿ ＿＿＿＿ he ＿＿＿＿ to see in the zoo?

— He ＿＿＿＿ ＿＿＿＿ ＿＿＿＿ an elephant.

(3) マキは何のゲームをしたいですか。 — 彼女はそのビデオゲームをしたいです。

＿＿＿＿ ＿＿＿＿ ＿＿＿＿ Maki ＿＿＿＿ to play?

— She ＿＿＿＿ ＿＿＿＿ ＿＿＿＿ the video game.

(4) あなたは何をしたいですか。 — 私は走りたいです。

＿＿＿＿ ＿＿＿＿ you ＿＿＿＿ ＿＿＿＿?

— I ＿＿＿＿ ＿＿＿＿ run.

2 下線部を問う疑問文を What から始まる英語で書きましょう。

(1) She wants to play <u>tennis</u>. ＿＿＿＿＿＿＿＿＿＿

(2) My brother wants to eat <u>a donut</u>. ＿＿＿＿＿＿＿＿＿＿

(3) Yuko wants to get up <u>at 7</u>. ＿＿＿＿＿＿＿＿＿＿

3 次の日本文の英語訳を書きましょう。

what do you want to～?に対する答え方はI want to～.だったよね。

(1) A：あなたは何の花を見たいですか。 B：私はひまわりを見たいです。
sunflowers

A：＿＿＿＿＿＿＿＿＿＿

B：＿＿＿＿＿＿＿＿＿＿

(2) A：あなたは明日何時に家を出たいですか。 B：私は8時に出たいです。

A：＿＿＿＿＿＿＿＿＿＿

B：＿＿＿＿＿＿＿＿＿＿

4 対話文を聞いて，その内容に合うように，＿＿＿に適する語を書きましょう。

(1) Saori wants ＿＿＿＿＿＿ soccer with Ken.

(2) Ken wants ＿＿＿＿ ＿＿＿＿ a new soccer ball.

3 look＋形容詞「〜に見えます」

✔チェックしよう！

☑ 基本的に動詞の後ろは名詞や副詞だが，一部の動詞の後ろには形容詞をつけることができる。

☞覚えよう 「〜に見える」は look＋形容詞で表す。

be 動詞の文 My baby is **happy**. (私の赤ちゃんは幸せです。)
形容詞

look の文 My baby looks **happy**. (私の赤ちゃんは幸せそうに見えます。)
形容詞

☞覚えよう
look sad   →   悲しそうに見える
look delicious   →   おいしそうに見える
look sleepy   →   眠そうに見える
look busy   →   忙しそうに見える

be動詞の文は主語と形容詞をイコールで結んで事実を表しているけど，lookの文は外見的な判断を表しているよ。

確認問題

☞ **1** 次の日本文に合うように，（　　）内の語を並べかえましょう。

(1) あの生徒は眠そうに見えます。(looks / that / sleepy / student).

_____.

(2) 夕食はとてもおいしそうに見えます。(very / dinner / looks / delicious).

_____.

(3) あなたは毎朝悲しそうに見えます。You (sad / every / look / morning).

You _____.

(4) 彼女のお父さんは忙しそうに見えます。(looks / father / busy / her).

_____.

☞ **2** 次の英文の日本語訳を書きましょう。

(1) Your dog looks very hungry.

(　　　　　　　　　　　　　　　　　　　　　　　　　　　　）

(2) He looks sad today.

(　　　　　　　　　　　　　　　　　　　　　　　　　　　　）

練習問題

1 次の日本文に合うように，_____に適する語を書きましょう。

(1) あの犬はとても喉が渇いているように見えます。

That dog _____ very thirsty.

(2) リサはどのように見えますか。

How _____ Lisa _____ ?

(3) ケンは元気そうに見えません。

Ken _____ _____ fine.

> look は一般動詞だから，否定文や疑問文は一般動詞の語順と同じだよ。

(4) あなたは忙しそうには見えません。

You _____ _____ _____ busy.

2 次の日本文に合うように，（　　）内の語を並べかえましょう。

(1) あなたは疲れて見えます。　（look / you / tired）.

_____ .

(2) 彼女が幸せに見えますか。　（look / does / happy / she）?

_____ ?

(3) 今日私はどのように見えますか。　（today / I / look / how / do）?

_____ ?

3 次の日本文の英語訳を書きましょう。

(1) あなたは神経質に見えます。

nervous

_____

(2) 今日ハナはとても悲しそうに見えます。

_____

4 音声を聞いて，聞き取った英語を書きましょう。

(1) _____

(2) _____

1 canの文「〜できます」「〜できません」

✔チェックしよう!

☝ **覚えよう**　「〜できます」と言うときは，〈can ＋動詞の原形〉で表す。

✌ **覚えよう**　can の文は〈主語＋ can ＋動詞の原形〜.〉の語順。

🤟 **覚えよう**　「〜できません」という can の否定文は，
　　　　　　　〈主語＋ cannot[can't] ＋動詞の原形〜.〉の語順。

　　　　　　　Rena　　**plays**　　tennis.　（レナはテニスをします。）

（can の文）　Rena　　can play　　tennis.
　　　　　　　　　　　　　（レナはテニスをすることができます。）

（can の否定文）　Rena cannot play tennis.
　　　　　　　　　　　　　（レナはテニスをすることができません。）

> **can** のあとの動詞は，主語が何で
> あっても原形を使うよ。

確認問題

☝ **1**　次の英文の日本語訳を書きましょう。

(1)　I can read this book.　　　私はこの本を（　　　　　　　　　　）。

(2)　We can ski well.　　　　　私たちは上手に（　　　　　　　　　　）。

✌ **2**　次の日本文に合うように，＿＿＿＿に適する語を書きましょう。

(1)　私は日本語を教えられます。　　I ＿＿＿＿＿＿ teach Japanese.

(2)　アンナはギターを弾けます。　　Anna ＿＿＿＿＿＿ play the guitar.

(3)　私の弟は速く走れます。　　　　My brother ＿＿＿＿＿ ＿＿＿＿＿ fast.

🤟 **3**　次の日本文に合うように，（　　）内の語を並べかえましょう。

(1)　私は納豆を食べられません。　I (eat / cannot) natto.

　I ＿＿＿＿＿＿＿＿＿＿＿＿＿＿＿＿＿＿＿＿＿ natto.

(2)　ピーターは泳げません。　（can't / Peter / swim）.

　＿＿＿＿＿＿＿＿＿＿＿＿＿＿＿＿＿＿＿＿＿＿＿.

1 次の日本文に合うように，＿＿＿＿に適する語を書きましょう。

(1) あなたは上手に踊れます。　　　　You ＿＿＿＿＿＿ dance well.

(2) メアリーはコンピュータを使えません。　Mary ＿＿＿＿＿＿ use a computer.

(3) 彼は英語を話せます。　　　　　He ＿＿＿＿＿ ＿＿＿＿＿ English.

(4) 私たちはコーヒーを飲めません。　We ＿＿＿＿＿ ＿＿＿＿＿ coffee.

2 次の日本文に合うように，（　　）内の語(句)を並べかえましょう。

(1) あれらの鳥は飛べません。　（fly / those birds / cannot）.

＿＿＿＿＿＿＿＿＿＿＿＿＿＿＿＿＿＿＿＿＿＿＿＿＿＿＿＿＿.

(2) ミホはこのかばんを運べます。　（can / Miho / this bag / carry）.

＿＿＿＿＿＿＿＿＿＿＿＿＿＿＿＿＿＿＿＿＿＿＿＿＿＿＿＿＿.

3 次の英文の日本語訳を書きましょう。

(1) My father can drive a bus.　　　（　　　　　　　　　　　　）

(2) I can't make curry.　　　　　（　　　　　　　　　　　　）
カレー

4 次の英文を，（　　）内の指示に合うように書きかえましょう。

(1) They can sing English songs.　（否定文に）

＿＿＿＿＿＿＿＿＿＿＿＿＿＿＿＿＿＿＿＿＿＿＿＿＿＿＿＿＿

(2) Our cat catches fish.　（「～できます」という文に）

＿＿＿＿＿＿＿＿＿＿＿＿＿＿＿＿＿＿＿＿＿＿＿＿＿＿＿＿＿

5 音声を聞いて，その内容に合うように，＿＿＿＿に適する語を
書きましょう。

(1) Kanako ＿＿＿＿＿＿ play the piano.

(2) Karen ＿＿＿＿＿＿ eat *sushi*.

2 Can you ~?「~できますか」/Can I ~?「~してもいいですか」

✔チェックしよう！

覚えよう　「~できますか」という can の疑問文は，
〈Can ＋主語＋動詞の原形~?〉の語順。

[「~できますか」の文]
Can Mika swim fast? （ミカは速く泳げますか。）
　— Yes, she can. （はい，泳げます。）
　— No, she cannot [can't]. （いいえ，泳げません。）

> 答えるときは，Yes か No と can を使うよ。

覚えよう　can の文には，「~できますか」という意味のほかに，
「~してくれますか」と依頼する意味がある。

[依頼する文]
Can you open the window? — All right.
（窓を開けてくれますか。）　　　　　　　　（わかりました。）

覚えよう　can の文には，「~してもいいですか」と許可を求める意味がある。

[許可を求める文]
Can I open the door?　　— Sure.
（ドアを開けてもいいですか。）　　　（いいですよ。）

確認問題

1 次の日本文に合うように，（　）内の語を並べかえましょう。

(1) あなたはあの鳥が見えますか。　（you / can）see that bird?

_____ see that bird?

(2) ミナは日本語を書けますか。　（Mina / can / write）Japanese?

_____ Japanese?

2 次の英文の日本語訳を書きましょう。

Can you close the door? — Sure.　ドアを閉め（　　　　）。—いいですよ。

3 次の日本文に合うように，（　）内から適する語を選びましょう。

テレビを見てもいいですか。

Can (you / I) watch TV?

> 「~してもいいですか」と自分がしたいことをたずねるから，「私は」が主語だね。

1 次の日本文に合うように，＿＿＿に適する語を書きましょう。

(1) サムは中国語が話せますか。―はい，話せます。

＿＿＿＿＿＿ Sam ＿＿＿＿＿＿ Chinese? — Yes, he ＿＿＿＿＿＿.

(2) この辞書を使ってもいいですか。―いいですよ。

＿＿＿＿＿＿ ＿＿＿＿＿＿ use this dictionary? — Sure.

(3) 部屋を掃除してくれますか。―わかりました。

＿＿＿＿＿＿ ＿＿＿＿＿＿ clean the room? — All right.

2 次の日本文に合うように，（　）内の語(句)を並べかえましょう。

(1) 私たちに昼食を作ってくれませんか。　(you / can / lunch / make) for us?

＿＿＿＿＿＿＿＿＿＿＿＿＿＿＿＿＿＿＿＿＿＿＿ for us?

(2) エミリーはこの本が読めますか。　(Emily / read / can / this book)？

＿＿＿＿＿＿＿＿＿＿＿＿＿＿＿＿＿＿＿＿＿＿＿ ?

3 次の英文の日本語訳を書きましょう。

(1) Can your dog swim?　　　　(　　　　　　　　　　　　)

(2) Can I take a picture here?　　　(　　　　　　　　　　　　)
ここで

4 (1)の英文を（　）内の指示に合うように書きかえましょう。

(2)は，(1)の答えになる英文を（　）内の指示に合うように書きましょう。

(1) Ms. Green can play the guitar.　（疑問文に）

＿＿＿＿＿＿＿＿＿＿＿＿＿＿＿＿＿＿＿＿＿

(2) ((1)の文に対して，No を使って３語で答える)

＿＿＿＿＿＿＿＿＿＿＿＿＿＿＿＿＿＿＿＿＿

5 対話文を聞いて，その最後の発言に続く文として
最も適切なものをア〜ウから選び記号で答えましょう。

きこう！
音声データ

ア It's interesting.　　イ I don't use pencils.　　ウ Sure.

[　　　　]

1 「〜しました」① 規則動詞

✔チェックしよう！

 覚えよう 「〜しました」と過去のことを表すときは，動詞を過去形にする。

現在の文	現在形 I **play** tennis.

（私はテニスをします。）

過去の文	過去形 I played tennis.

（私はテニスをしました。）

覚えよう 多くの一般動詞の過去形は，語尾に(e)dをつける。これを規則動詞と言う。

一般動詞の種類	過去形の作り方	原形 → 過去形
多くの動詞	ed をつける	enjoy（〜を楽しむ）→ enjoyed visit（〜を訪れる）→ visited
語尾が e	d をつける	live（住む）→ lived use（〜を使う）→ used
語尾が〈子音字＋y〉	y を i にして ed をつける	study（〜を勉強する）→ studied
stopなど	最後の文字を重ねて ed をつける	stop（止まる）→ stopped

覚えよう 過去の文では，過去を表す言葉を使うことが多い。

I played tennis yesterday.

（私は昨日，テニスをしました。）

> last 〜（この前の〜,先〜），〜ago（〜前）
> なども過去を表す言葉だよ。

確認問題

1 次の日本文に合うように，（　）内から適する語を選びましょう。

私はサッカーをしました。　　　　　I (play / played) soccer.

2 次の一般動詞の過去形を書きましょう。

(1) enjoy _____　　(2) use _____

(3) study _____　　(4) stop _____

3 次の日本文に合うように，___に適する語を書きましょう。

(1) アミは昨日，映画を見ました。　Ami watched a movie _____.

(2) パットは先週，料理をしました。　Pat cooked _____ week.

1 次の日本文に合うように，＿＿＿に適する語を ［＿＿］ 内から選び，適切な形に変えて書きましょう。

(1) 私は公園を歩きました。

I ＿＿＿＿＿＿＿＿＿ in the park.

(2) トムはその大きいかばんを運びました。

Tom ＿＿＿＿＿＿＿＿＿ that big bag.

(3) ブラウンさんはカナダに住んでいました。

Ms. Brown ＿＿＿＿＿＿＿＿＿ in Canada.

(4) そのとき，ここに赤い車が止まりました。

A red car ＿＿＿＿＿＿＿＿＿ here at that time.
そのとき

carry
live
stop
walk

2 次の英文の日本語訳を書きましょう。

(1) Ryoko closed the door.

リョウコはドアを（　　　　　　　　　　　　　）。

(2) I visited China a week ago.

私は1週間前に（　　　　　　　　　　　　　）。

(3) We enjoyed the party last night.

（　　　　　　　　　　　　　　　　　　　　　　　　　　　）

3 次の文を（　　）内の指示に合うように書きかえましょう。

(1) My uncle likes sports. （過去の文に）
おじ

＿＿＿＿＿＿＿＿＿＿＿＿＿＿＿＿＿＿＿＿＿＿＿＿＿＿＿

(2) They study math at school. （文末に yesterday を加えて）

＿＿＿＿＿＿＿＿＿＿＿＿＿＿＿＿＿＿＿＿＿＿＿＿＿＿＿

4 音声を聞いて，その一部を抜き出した以下の文の＿＿＿に，
聞き取った英語を書きましょう。

きこう！
音声
データ

I ＿＿＿＿＿＿＿＿＿ my car with my father.

2 「〜しました」② 不規則動詞

✔チェックしよう！

 覚えよう 一般動詞の過去形には，語尾に(e)dをつけるのではなく，形が不規則に変化する動詞がある。（不規則動詞）

現在の文　I **go** to the park.（私は公園に行きます。）
（現在形）

過去の文　I went to the park yesterday.
（過去形）
（私は昨日，公園に行きました。）

覚えよう 不規則動詞の過去形

原形 → 過去形	原形 → 過去形
buy（〜を買う）→ bought	have（〜を持っている，〜を食べる，〜を飼っている）→ had
come（来る）→ came	leave（〜を去る）→ left
eat（〜を食べる）→ ate	put（〜を置く）→ put
get（〜を得る）→ got	read（〜を読む）→ read
give（〜を与える）→ gave	say（〜と言う）→ said
go（行く）→ went	see（〜を見る）→ saw

など

put や read のように，原形と過去形の形が同じものもあるよ。

確認問題

1 次の英文の日本語訳を書きましょう。

(1) I said, "OK."　　　　　　　私は「いいですよ」と（　　　　　　　　）。

(2) My father left home at six.　私の父は6時に家を（　　　　　　　　）。

(3) Ai came to Kobe yesterday.　アイは昨日，神戸に（　　　　　　　　）。

2 次の一般動詞の過去形を書きましょう。

(1) go ＿＿＿＿＿＿＿　　(2) have ＿＿＿＿＿＿＿

(3) see ＿＿＿＿＿＿＿　　(4) buy ＿＿＿＿＿＿＿

(5) eat ＿＿＿＿＿＿＿　　(6) read ＿＿＿＿＿＿＿

原形と過去形で形の変わらないものが1つあるよ。

1 次の日本文に合うように，＿＿＿に適する語を[＿＿]内から選び，適切な形に変えて書きましょう。

(1) 彼は私にこの本をくれました。

He ＿＿＿＿＿＿＿＿＿ this book to me.

(2) トムは8時に起きました。

Tom ＿＿＿＿＿＿＿＿＿ up at eight.

(3) 彼女は今朝，手紙を書きました。

She ＿＿＿＿＿＿＿＿＿ a letter this morning.

> get
> put
> give
> write

(4) 私は机の上にかばんを置きました。

I ＿＿＿＿＿＿＿＿＿ my bag on the desk.

2 次の英文の日本語訳を書きましょう。

(1) I bought a new computer.

(＿＿＿＿＿＿＿＿＿＿＿＿＿＿＿＿＿)

(2) He had many new pencils.

(＿＿＿＿＿＿＿＿＿＿＿＿＿＿＿＿＿)

3 次の文を（　　）内の指示に合うように書きかえましょう。

(1) Mr. Green teaches English. （過去の文に）

＿＿＿＿＿＿＿＿＿＿＿＿＿＿＿＿＿＿＿＿＿＿＿

(2) We run in the park. （文末に three days ago を加えて）

＿＿＿＿＿＿＿＿＿＿＿＿＿＿＿＿＿＿＿＿＿＿＿

4 対話文を聞いて，その一部を抜き出した以下の文の＿＿＿に，聞き取った英語を書きましょう。

She ＿＿＿＿＿＿ a chocolate cake for me yesterday.

3 「～しましたか」「～しませんでした」

✔チェックしよう！

👆覚えよう 「～しませんでした」という一般動詞の過去の否定文は，
〈主語＋ did not［didn't］＋一般動詞の原形～.〉の語順。

否定文 I did not［didn't］play tennis yesterday.
（私は昨日，テニスをしませんでした。）

✌覚えよう 「～しましたか」という一般動詞の過去の疑問文は，
〈Did ＋主語＋一般動詞の原形～?〉の語順。
答えるときは，Yes か No と did を使う。

疑問文 Did you play tennis yesterday?
（あなたは昨日，テニスをしましたか。）

　　　　　－Yes, I did.　　　－No, I did not［didn't］.
　　　　　　（はい，しました。）　　　　（いいえ，しませんでした。）

> 規則動詞でも不規則動詞でも，否定文・疑問文では動詞は原形になるよ。

🤟覚えよう 「何」や「どこ」などとたずねたいときは，文頭に疑問詞を置く。
答えるときは，たずねられたことに対して具体的に答える。

what の疑問文 What did you do last night? － I watched TV.
（あなたは昨夜，何をしましたか。）　　　　（私はテレビを見ました。）

確認問題

👆 **1** 次の英文の日本語訳を書きましょう。

(1) I did not read this book yesterday.　　私は昨日，この本を（　　　　　　　　）。

(2) Keiko did not go to the library.　　ケイコは図書館に（　　　　　　　　）。

✌ **2** 次の日本文に合うように，（　）内の語を並べかえましょう。
あなたは先週，料理をしましたか。　　（you / cook / did）last week?

_____ last week?

🤟 **3** 次の英文の（　）内から適する語句を選びましょう。
(Where did / Where do) you play basketball yesterday? － In the park.

72

練習問題

1 次の日本文に合うように，＿＿＿＿に適する語を書きましょう。

(1) 私は彼に電話をしませんでした。

I ＿＿＿＿＿＿ ＿＿＿＿＿＿ him.

(2) ベスはぼうしを買いましたか。―いいえ，買いませんでした。

＿＿＿＿＿＿ Beth ＿＿＿＿＿＿ a cap? — No, she ＿＿＿＿＿＿.

(3) アキラは何を勉強しましたか。―彼は数学を勉強しました。

＿＿＿＿＿＿ ＿＿＿＿＿＿ Akira study? — He ＿＿＿＿＿＿ math.

2 次の日本文に合うように，（　　）内の語(句)を並べかえましょう。

(1) タクミはこの音楽を聞きましたか。　(did / listen to / Takumi / this music)?

＿＿＿＿＿＿＿＿＿＿＿＿＿＿＿＿＿＿＿＿＿＿＿＿＿ ?

(2) 彼女はジョンに会いませんでした。　(not / John / she / meet / did).

＿＿＿＿＿＿＿＿＿＿＿＿＿＿＿＿＿＿＿＿＿＿＿＿＿ .

(3) ケイはいつこの写真を撮りましたか。　(this picture / did / Kei / when / take)?

＿＿＿＿＿＿＿＿＿＿＿＿＿＿＿＿＿＿＿＿＿＿＿＿＿ ?

3 次の英文を，（　　）内の指示に合うように書きかえましょう。

(1) Marie doesn't watch TV. （過去の文に）

＿＿＿＿＿＿＿＿＿＿＿＿＿＿＿＿＿＿＿＿＿＿＿＿＿

(2) They went to the museum. （下線部をたずねる文に）

＿＿＿＿＿＿＿＿＿＿＿＿＿＿＿＿＿＿＿＿＿＿＿＿＿

4 音声を聞いて，それに対する答えの文になるように，
＿＿＿＿＿に適する語を書きましょう。

(1) I ＿＿＿＿＿＿ baseball.

(2) No, I ＿＿＿＿＿＿. I watched a movie at that time.

4 be動詞の過去形「〜でした」

✔チェックしよう！

👆覚えよう be動詞の過去形は was または were で表す。
am と is には was，are には were を使う。

> 現在形とは違って，一人称と三人称は同じwasを使うよ。

✌覚えよう 否定文は〈主語 +was not[wasn't] 〜.〉や
〈主語 +were not[weren't] 〜.〉で表す。
疑問文は〈Was[Were]+ 主語〜?〉で表す。

He **was** sick. （彼は病気でした。）
He **wasn't** sick. （彼は病気ではありませんでした。）
Was he sick? （彼は病気でしたか。）

確認問題

1 次の日本文に合うように，＿＿＿に適する語を書きましょう。

(1) 私は日本にいました。

I ＿＿＿＿＿＿ in Japan.

(2) あなたは幸せでしたか。

＿＿＿＿＿＿ you happy?

(3) あなたは昨夜家にいませんでした。

You ＿＿＿＿＿＿ at home last night.

(4) 彼女は昨日元気ではありませんでした。

She ＿＿＿＿＿＿ fine yesterday.

2 次の英文の日本語訳を書きましょう。

(1) My father was busy last week.

( )

(2) They were very loud.

( )

(3) It was cold yesterday.

( )

74

1 次の日本文に合うように，＿＿＿＿に適する語を書きましょう。

(1) あなたはそのとき 5 歳でした。　You ＿＿＿＿＿＿＿＿ five years old then.

(2) トムは 2 年前，香港にいました。　Tom ＿＿＿＿＿＿＿＿ in Hong Kong two years ago.

(3) そのネコたちは幸せでしたか。　＿＿＿＿＿＿＿＿ the cats happy?

(4) 私たちは 2015 年当時有名ではありませんでした。　We ＿＿＿＿＿＿＿＿ famous in 2015.

2 次の英文の日本語訳を書きましょう。

(1) Where was your brother last night?

（　　　　　　　　　　　　　　　　　　　　　　　　　　　　）

(2) He wasn't a small kid.

（　　　　　　　　　　　　　　　　　　　　　　　　　　　　）

(3) Were you busy last Sunday?

（　　　　　　　　　　　　　　　　　　　　　　　　　　　　）

(4) Who was the criminal?
犯人

（　　　　　　　　　　　　　　　　　　　　　　　　　　　　）

3 次の日本文の英語訳を書きましょう。

(1) その水はとても冷たかったです。

＿＿＿＿＿＿＿＿＿＿＿＿＿＿＿＿＿＿＿＿＿＿＿＿＿＿＿＿＿＿

(2) キョウコは今朝，図書館にいました。

＿＿＿＿＿＿＿＿＿＿＿＿＿＿＿＿＿＿＿＿＿＿＿＿＿＿＿＿＿＿

(3) 私は昨日疲れていました。

＿＿＿＿＿＿＿＿＿＿＿＿＿＿＿＿＿＿＿＿＿＿＿＿＿＿＿＿＿＿

(1) 天気を説明するときの
主語はit だよ。

4 音声を聞いて，それに対する答えを英語で書きましょう。

(1) ＿＿＿＿＿＿＿＿＿＿＿＿＿＿＿＿＿＿＿＿＿＿＿＿＿＿＿

(2) ＿＿＿＿＿＿＿＿＿＿＿＿＿＿＿＿＿＿＿＿＿＿＿＿＿＿＿

きこう♪
音声
データ

第12章 過去の文・There is 〜の文

5 There is 〜. / There are 〜. 「〜があります」

✔チェックしよう！

👆覚えよう 〈There is[are] 〜.〉は「〜があります」「〜がいます」という意味。
単数のときは is，複数のときは are を使う。

✌覚えよう 疑問文では〈Is[Are] there＋主語（＋場所）？〉の語順。
答えには，Yes, there is[are]. / No, there isn't[aren't]. を使う。

Is there a castle near your house?
（あなたの家の近くにはお城がありますか。）

−Yes, there is. / No, there isn't.
（はい，あります。/ いいえ，ありません。）

👌覚えよう 固有名詞や the がついた特定のもの・人には
There is[are] 〜. は使えない。

> there is の短縮形は there's，
> there are の短縮形は there're だよ。

確認問題

1 次の日本文に合うように，（　　）内から適する語を選びましょう。

(1) (There is / There are) some apples on the table.

(2) (Is there / Are there) a gym in your school?

(3) (There are / There is) a good pizza in the restaurant.

2 次の日本文に合うように，＿＿＿に適する語を書きましょう。

(1) 私の家にはテーブルがあります。

＿＿＿＿＿＿ ＿＿＿＿＿＿ a table in my house.

(2) 図書館に辞書はありますか。

＿＿＿＿＿＿ ＿＿＿＿＿＿ dictionaries in the library?

1 次の日本文に合うように，＿＿＿＿に適する語を書きましょう。

(1) 私の学校にはプールがあります。

＿＿＿＿＿＿＿ ＿＿＿＿＿＿＿ a swimming pool in my school.

(2) 私の家の近くにはかわいいウサギたちがいました。

＿＿＿＿＿＿＿ ＿＿＿＿＿＿＿ cute rabbits near my house.

(3) おもしろい本がありましたか。

＿＿＿＿＿＿＿ ＿＿＿＿＿＿＿ an interesting book?

(4) その公園には1本の木がありました。

＿＿＿＿＿＿＿ ＿＿＿＿＿＿＿ a tree in the park.

2 次の日本文に合うように，（　　）内の語(句)を並べかえましょう。

(1) そのテーブルの上に消しゴムが1つあります。(an eraser / is / on / there / the table).

＿＿＿＿＿＿＿＿＿＿＿＿＿＿＿＿＿＿＿＿＿＿＿＿＿＿ .

(2) あなたのバッグの中に本が2冊あります。(in / two / are / your bag / books / there).

＿＿＿＿＿＿＿＿＿＿＿＿＿＿＿＿＿＿＿＿＿＿＿＿＿＿ .

(3) あなたのクラスには何人の生徒がいますか。

(students / there / how / in / are / many / your class)?

＿＿＿＿＿＿＿＿＿＿＿＿＿＿＿＿＿＿＿＿＿＿＿＿＿＿ ?

(4) あなたの家には動物がいますか。(there / in / is / an animal / your house)?

＿＿＿＿＿＿＿＿＿＿＿＿＿＿＿＿＿＿＿＿＿＿＿＿＿＿ ?

3 次の日本文の英語訳を書きましょう。

(1) 私の部屋にはコンピュータがありました。

＿＿＿＿＿＿＿＿＿＿＿＿＿＿＿＿＿＿＿＿＿＿＿＿＿＿

(2) 木の下に女の人がいます。

＿＿＿＿＿＿＿＿＿＿＿＿＿＿＿＿＿＿＿＿＿＿＿＿＿＿

(3) キッチンにいくつのリンゴがありますか。

＿＿＿＿＿＿＿＿＿＿＿＿＿＿＿＿＿＿＿＿＿＿＿＿＿＿

> (3) 「いくつの〜がありますか」は
> **How many 〜 are there**
> …?で表せるよ。

4 次の（　　）内の状況のとき，音声を聞いて，それに対する答えを英語で書きましょう。

(1) （ペンが4本あるとき）

＿＿＿＿＿＿＿＿＿＿＿＿＿＿＿＿＿＿＿＿＿＿＿＿＿＿

(2) （リンゴ，バナナ，パイナップル，ブドウがあるとき）

＿＿＿＿＿＿＿＿＿＿＿＿＿＿＿＿＿＿＿＿＿＿＿＿＿＿

きこう！
音声
データ

6 過去進行形

✔チェックしよう！

☑ 「（過去のある時点に）～していました」というときは，過去進行形という形で表す。

| 昨日の午後　　　　5時 | 今日 | 昨日の午後5時に何をしていたの。 |

| 4時　　　　6時 | 今 | サッカーをしていたよ。 |

覚えよう 「～していました」という過去進行形の文は，
〈was [were] ＋動詞の ing 形〉の語順。

過去進行形の文 **I was playing** soccer at five yesterday.
（私は昨日の5時に，サッカーをしていました。）

覚えよう 「～していませんでした」という過去進行形の否定文は，
〈was [were] not ＋動詞の ing 形〉の語順。

否定文 **He was not talking** with Tom.
（彼はトムと話していませんでした。）

覚えよう 「～していましたか」という過去進行形の疑問文は，
〈Was [Were] ＋主語＋動詞の ing 形～？〉の語順。
答えるときは，Yes か No と，was [were] を使って答える。

疑問文 **Was** he **talking** with Tom? （彼はトムと話していましたか。）

— Yes, he was. （はい，話していました。）

— No, he was not [wasn't].
（いいえ，話していませんでした。）

疑問文では，be動詞を主語の前に置くよ。

確認問題

1 次の日本文に合うように，（　　）内から適する語(句)を選びましょう。

(1) 1時間前，私たちは数学を勉強していました。

　　We (studied / were studying) math an hour ago.

(2) 私は料理をしていませんでした。　　　I (was / did) not cooking.

2 次の日本文に合うように，＿＿＿に適する語を書きましょう。

あなたは，歌を歌っていましたか。—はい，歌っていました。

＿＿＿＿＿＿ you ＿＿＿＿＿＿ a song? — Yes, I ＿＿＿＿＿.

練習問題

1 次の日本文に合うように，_____に適する語を書きましょう。

(1) あなたは，本を読んでいました。

You _____ reading a book.

(2) その女の子たちは英語の歌を歌っていました。

Those girls _____ _____ an English song.

(3) 彼らは泳いでいましたか。 ― いいえ，泳いでいませんでした。

_____ they swimming? ― No, _____ _____.

(4) トムは日本語を話していませんでした。

Tom was _____ _____ Japanese.

2 あとの （　）内の語を必要に応じて適切な形に変えて_____に書きましょう。

(1) I didn't _____ lunch. (eat)

(2) I wasn't _____ to the music then. (listen)

(3) Did you _____ the guitar? (play)

(4) Were you _____ at ten this morning? (sleep)

3 次の日本文に合うように，（　）内の語を並べかえましょう。

(1) 彼女はお母さんを手伝っていました。(she / helping / was) her mother.

_____ her mother.

(2) 私たちは今朝，コーヒーを飲んでいました。(were / drinking / coffee / we) this morning.

_____ this morning.

(3) 彼は自分の部屋を掃除していましたか。(cleaning / was / he / room / his)?

_____ ?

(4) 私は，そのとき本を読んでいませんでした。(reading / a book / not / was / I) then.

_____ then.

4 音声を聞いて，それに対する答えを英語で書きましょう。

(1) _____

(2) _____

初版
第1刷 2021年7月1日 発行

●編 者
　数研出版編集部
●カバー・表紙デザイン
　株式会社クラップス

発行者　星野 泰也

ISBN978-4-410-15534-5

新課程 とにかく基礎 中1英語

発行所　数研出版株式会社

〒101-0052 東京都千代田区神田小川町2丁目3番地3
　　　　　〔振替〕00140-4-118431
〒604-0861 京都市中京区烏丸通竹屋町上る大倉町205番地
〔電話〕代表 (075)231-0161
ホームページ https://www.chart.co.jp
印刷　河北印刷株式会社
　　　乱丁本・落丁本はお取り替えいたします　210601

とにかく基礎 中1英語 答えと解説

第1章 小学校で学んだ表現

1 英語の音と文字・場面の表現

確認問題 ——————— 4 ページ

1 (1) T   (2) b
   (3) q   (4) G
   (5) h   (6) I
   (7) F   (8) D

2 (1) Nice to meet you.
   (2) I'm Mary.
   (3) What's your name?

練習問題 ——————— 5 ページ

1 (1) America
   (2) Yamada Takashi
   (3) Japan
   (4) Tokyo
   (5) Ms[Mr]. Tanaka
   (6) Hokkaido

2 (1) apple   (2) ocean
   (3) name   (4) WATER
   (5) UMBRELLA (6) SIT

3 A:こんにちは。私はナミです。はじめまして。あなたの名前は何ですか。
   B:私の名前はヒロです。こちらこそ, はじめまして。

4 (1) Hello!
   (2) (例)My name is Tanaka Hana.

練習問題の解説

1 人名・国名・地名などの最初は必ず大文字。

4 (1) Hello!(こんにちは！)
   (2) What's your name?(あなたの名前は何ですか。)

2 I am ~.「私は~です」/ I like ~.「私は~が好きです」

確認問題 ——————— 6 ページ

1 (1) I   (2) I'm
2 (1) am   (2) like
3 (1) am   (2) am not
   (3) like   (4) don't like
4 (1) I am Satoru (2) I like soccer

練習問題 ——————— 7 ページ

1 (1) am   (2) am not
   (3) I'm   (4) like
   (5) don't like
2 (1) I am   (2) I like
   (3) don't like
3 (1) 私は / です
   (2) 私は / ではありません
   (3) 私は / が好きです
   (4) 私は / が好きではありません。
4 (1) (例)I'm fine.
   (2) (例)I like soccer.

練習問題の解説

1 (3) I'mはI amの短縮形。「私は~です」という意味。

4 (1) How are you?(調子はどうですか。)
   (2) What sport do you like?(あなたは何のスポーツが好きですか。)

3 Are you ~? / Do you ~? 「あなたは~ですか」

確認問題 ——————— 8 ページ

1 (1) You are (2) Do you
2 (1) Yes   (2) No
3 I don't

練習問題 ——————— 9 ページ

1 (1) A:Are you B:No / I'm
   (2) A:Do you B:Yes / do

2 (1) Are you Kenji

(2) Do you like soccer

3 (1) Are you a singer?

(2) Do you like songs?

4 (1) I'm not

(2) I do

練習問題の解説

1 (2) 〈You like ~.〉の疑問文ではDoを用いる。

3 (1) 〈Are you ~?〉の語順。

4 (1) Are you Hanako?(あなたはハナコですか。)

(2) Do you eat bananas?(あなたはバナナを食べますか。)

4 This/That/He/She is ~.

確認問題 ──────── 10ページ

1 (1) this   (2) that

(3) he   (4) she

練習問題 ──────── 11ページ

1 (1) This   (2) She

(3) That   (4) He

2 (1) これは / です   (2) あちらは / です

(3) 彼女は / です   (4) 彼は / です

3 (1) This is a camera

(2) Is that Haruki

(3) She is not Maki

(4) He is a student

4 (1) This is   (2) He is

(3) Is that

練習問題の解説

2 (2) 「This / That is +人.」となるときは「こちら /あちらは~です。」と訳す。

(4) famous「有名な」

4 (1) This is a hospital.(これは病院です。)

(2) He is my father.(彼は私の父です。)

(3) Is that Kim?(あちらはキムですか。)

第2章　be動詞と一般動詞・疑問詞①

1 be動詞と一般動詞

確認問題 ──────── 12ページ

1 (1) 来る

(2) ~を知っている

(3) ~を食べる

(4) 行く

2 (1) I am a doctor

(2) Are you Japanese

(3) You cook dinner

(4) I do not play baseball

練習問題 ──────── 13ページ

1 (1) study   (2) are

(3) walk   (4) Is

2 (1) を飼っています

(2) くありません

(3) を飲みます

(4) を運転しますか

3 (1) Do you speak Japanese?

(2) I do not [don't] like tennis.

(3) Am I short?

4 (1) (例)I'm fine.

(2) (例)I play basketball.

練習問題の解説

3 (2) 一般動詞の否定文では〈主語+do not [don't]+動詞~.〉の語順。

(3) be動詞の疑問文では〈be動詞+主語~?〉の語順。

4 (1) How are you?(調子はどうですか。)

(2) What sport do you play?(あなたは何のスポーツをしますか。)

2 What ~?「何ですか」/ Who ~?「誰ですか」

1 (1) What　　　(2) What's
2 (1) 誰　　　(2) 誰を(が)
　　(3) 誰

1 (1) What are these
　　(2) What is this food
　　(3) Who are those men
2 (1) What / It's　　(2) What do
　　(3) Who / is
3 (1) Who is that woman?
　　(2) Who is Yuta?
　　(3) What is that?
4 (1) 彼は誰ですか。
　　(2) あなたは何を食べますか。
5 (1) What is　　(2) Who are

練習問題の解説
2 (2) ものをたずねるときは, 疑問詞whatを用いる。
　　(3) 人をたずねるときは, 疑問詞whoを用いる。whoを用いた疑問文への返事は, YesやNoではなく, 具体的に人を答える。
3 (2) 誰がユウタかをたずねる疑問文にする。
5 (1) What is this?(これは何ですか。)
　　(2) Who are you?(あなたは誰ですか。)

3 How ~?「どう~しますか」

1 どう
2 (1) How is Bob
　　(2) How do you use
3 by

1 (1) How　　　(2) How do
　　(3) How do / By
　　(4) How / are
2 (1) How is my shirt
　　(2) How do you teach Japanese

3 How do you go to the museum?
4 (1) (例)I eat rice.
　　(2) (例)By train.

練習問題の解説
1 (3) 答えの文は, I come here by train. のbyより前の部分が省略されている。
3 方法・手段をたずねるときは, 疑問詞howを用いる。
4 (1) What do you eat in the morning?(あなたは朝に何を食べますか。)
　　(2) How do you go to school?(あなたはどうやって学校へ通っていますか。)

4 When ~?「いつ~ですか」/ Where ~?「どこで~ですか」

1 (1) When　　　(2) When
2 Where do
3 ウ

1 (1) When　　　(2) Where do
　　(3) When do
2 (1) Where is the zoo?
　　(2) When is the school festival?
　　(3) When do you take a bath?
3 (1) When is the party
　　(2) Where do you swim
4 (1) ア　　　(2) ア

練習問題の解説
2 (1) 「私の家の近くに」を問うので, 〈場所〉をたずねるwhereを使ったbe動詞の疑問文にする。
　　(2) 「10月に」を問うので, 〈時〉をたずねるwhenを使ったbe動詞の疑問文にする。
　　(3) 「夕食前に」を問うので, 〈時〉をたずねるwhenを使った一般動詞の疑問文にする。
4 (1) A: Hi, how are you?(こんにちは, 調子はどうですか。)
　　B: Hi, I'm fine. Thank you. Where are you from?(元気です, ありがとう。あなたの出身はどこですか。)
　　(2) A: I like tennis.(私はテニスが好きです。)

B: That's nice. When do you play it?（い
いですね。いつするのですか。）

5　I want to ~「私は~したいです」

確認問題 ──────── 20 ページ

1 (1)　want　　　　(2)　want to
　　(3)　want to　　　(4)　want to
2 (1)　want to　　　(2)　want
　　(3)　don't want to

練習問題 ──────── 21 ページ

1 (1)　don't want to　(2)　want to
　　(3)　Do / want to
2 (1)　が欲しくありません
　　(2)　を見たいですか
　　(3)　を運転したいです
3 (1)　I do not want to swim
　　(2)　I want a cup
　　(3)　Do you want to study English
4 （例）I want to eat lunch.

練習問題の解説

3 (3)　want to＋一般動詞の疑問文は〈Do＋主語
　　　　＋want to＋一般動詞~?〉の語順。
4　What do you want to do now?
　　（あなたは今何をしたいですか。）

6　How many ~?
「どれくらい / いくつ~ですか」

確認問題 ──────── 22 ページ

1 (1)　How　　　　(2)　How long
2 ア
3 (1)　pens　　　　(2)　many

練習問題 ──────── 23 ページ

1 (1)　How old
　　(2)　How many books / books
2 (1)　How tall is
　　(2)　How old is your
　　(3)　How far is Kobe
3 (1)　How old is Tom's sister?
　　(2)　How many cups do you have?
4 (1)　（例）I have four.

(2)　（例）For two hours.

練習問題の解説

3 (2)　「あなたはカップを何個持っていますか。」
　　　　という〈数〉をたずねる文にする。
4 (1)　How many English books do you
　　　　have?（あなたは英語の本を何冊持っていま
　　　　すか。）
　　(2)　How long do you study English?（あな
　　　　たは英語をどのくらい勉強しますか。）

第3章　単数・複数

1　名詞の単数形・複数形

確認問題 ──────── 24 ページ

1 (1)　a　　　　　(2)　an
　　(3)　an
2 (1)　watches　　(2)　countries
　　(3)　knives

練習問題 ──────── 25 ページ

1 (1)　a　　　　　(2)　an
　　(3)　an　　　　(4)　a
2 (1)　pencils　　(2)　tomatoes
　　(3)　children　(4)　math
　　(5)　hats　　　(6)　water
3 (1)　You need an〔one〕orange.
　　(2)　I use two dictionaries.
4 (1)　apples　　(2)　families
　　(3)　children

練習問題の解説

2 (1)~(3)(5)　それぞれ複数の数を表す語が前にあ
　　　　るので，複数形にする。
　　(4)　math「数学」などの教科は「数えられない名
　　　　詞」なので，前にaを置かない。
　　(6)　water「水」などの液体は，決まった形を持
　　　　たないので「数えられない名詞」。
3 (1)　orangeは母音の発音で始まるので，前にan
　　　　を置く。「１つの」という意味のoneを置いて
　　　　もよい。
4 (1)　apple「りんご」　(2)　family「家族」
　　(3)　child「子供」

第4章 命令文・疑問詞②

1 命令文「〜しなさい」「〜してください」

確認問題 ——————— 26 ページ

1 (1) 勉強しなさい (2) 掃除しなさい
2 (1) Be (2) Be
3 (1) Please (2) please

練習問題 ——————— 27 ページ

1 (1) Be (2) Read
 (3) Please come (4) Be / please
2 (1) Eat breakfast.
 (2) Please bring your cup.〔Bring your cup, please.〕
 (3) Be honest.
3 (1) 手を洗いなさい。
 (2) 日本語を話してください。
 (3) お年寄りに優しくしなさい。
4 Don't / Please

練習問題の解説

1 (3)(4) 「〜してください」というていねいな命令文のときは, 文頭か文末にpleaseを置く。(3)はpleaseを文頭に, (4)は〈, 〉に続けてpleaseを置く。

2 (1) 「〜しなさい」という命令文は, 主語のYouを省略して動詞の原形で文を始める。
 (3) honestは「正直な」という意味の形容詞。形容詞を使ったbe動詞の命令文はBeで文を始めることに注意。

3 (3) 〈be kind to＋人〉「(人)に親切である」

4 A: Is this my computer?(これは私のコンピューターですか。)
 B: No. Don't use my computer. Please use this one.(いいえ, 私のコンピューターを使わないでください。こっちを使ってください。)

2 What time 〜?「何時に〜しますか?」

確認問題 ——————— 28 ページ

1 time / It
2 What time do
3 (1) time (2) What time

練習問題 ——————— 29 ページ

1 (1) What (2) What time
 (3) time do
2 (1) 何時 / 5時
 (2) 私は8時に学校に行きます
 (3) あなたは何時に散歩に行きますか。
3 (1) What time is it (now)?
 (2) What time do you get up?
4 (1) What time do you take a bath everyday?
 (2) I take a bath at nine.
5 (1) (例) It's two o'clock.
 (2) (例) I eat breakfast at seven.

練習問題の解説

1 (2)(3) 起きるということを, get upで表現することができる。また, go to bedで, 眠る準備といった意味を表現することができる。

2 (2) go to schoolは, 学校に行くという意味。この場合, 学校という名詞に, theやaがつかないことに注意する。
 (3) go for a walk とは, 散歩に行くという表現。

3 (1) four thirty は「4時30分」という意味。
 (2) 「あなたは何時に起きますか。」という文にする。

5 (1) What time is it now?(今何時ですか。)
 (2) What time do you eat breakfast?(あなたは何時に朝食をとりますか。)

3 What ＋ 名詞「何の…が〜ですか？」

1 (1) What car do you buy
(2) What fruits do you like
2 What
3 ア

1 (1) 彼らは, 何のゲームをしますか。
(2) あなたは, 何の季節が好きですか。
(3) あなたは, 何の教科を勉強しますか。
2 (1) What language is this
(2) What book do you read
(3) What sports do you play
3 What
4 (1) What music do you enjoy?
(2) I enjoy jazz.
5 (1) I like　(2) I like

練習問題の解説

1 (1) （ゲームを）するという動詞はplayを使う。
(3) 勉強するという動詞はstudyを使う。
2 (1) language「言語」
(3) スポーツをするという動詞はplayを使う。
3 ジグソーパズルは, 英語でjigsaw puzzleとなる。
5 (1) What color do you like?（あなたは何色
が好きですか。）
(2) What season do you like?（あなたは何
の季節が好きですか。）

4 疑問詞のまとめ

1 (1) What　　(2) What's
(3) Who　　(4) Where
(5) When　　(6) Where
(7) What
2 (1) old　　(2) tall

1 (1) What do / have
(2) How do / By
(3) Who is / That's
(4) How old

2 (1) Who is that woman?
(2) How old is she?
(3) What do you use?
(4) Where is the zoo?
3 (1) When is the party
(2) What book do you read
4 (1) （例）I like pandas.
(2) （例）I'm 160cm.

練習問題の解説

1 (3) That'sはThat isの短縮形。
2 (4) near 〜「〜の近く」
4 (1) What animals do you like?（あなたは何
の動物が好きですか。）
(2) How tall are you?（あなたの身長はどれ
くらいですか。）

第5章　前置詞

1 前置詞

1 (1) in　　(2) to
2 (1) 火曜日に　　(2) 前に
3 by

1 (1) at　　(2) for
(3) on　　(4) in
(5) near　　(6) about
2 (1) I play baseball after
(2) They study at home
3 (1) 彼らは神戸に飛行機で行きます。
(2) 私は夕食前に風呂に入ります。
(3) 私は友達と（一緒に）昼食を食べ［と
り］ます。
4 (1) At[Near / In] (2) At

練習問題の解説

1 (1)(4) 「〜に」という意味の〈時〉を表す前置詞は,
〈at＋時刻〉〈on＋曜日, 日付〉〈in＋月, 季節,
年〉と使い分ける。
2 (1) after school「放課後に」
(2) at home「家で」
3 (1) by plane「飛行機で」

(2) take a bath「風呂に入る」,
before dinner「夕食前に」
4 (1) Where do you take photos?（あなたは
どこで写真を撮りますか。）
(2) What time do you usually get up?（あ
なたはいつも何時に起きますか。）

第6章 「～すること」の表現

1 like ～ing 「～することが好きです」

確認問題 ——————— 36 ページ

1 (1) like reading
(2) don't like studying
2 (1) I don't like traveling
(2) Do you like living alone
(3) Do you like reading books

練習問題 ——————— 37 ページ

1 (1) like running
(2) don't like playing
(3) you like taking
(4) don't like using
2 (1) I like playing the
(2) Do you like cleaning your room
(3) don't like speaking English
3 (1) like eating (2) like watching
(3) like to travel
4 (1) I don't (2) I do

練習問題の解説

3 〈like to＋動詞〉は〈like ～ing〉で表せる。
4 (1) Do you like watching movies?
（あなたは映画を見るのが好きですか。）
(2) Do you like drawing pictures?
（あなたは絵を描くのが好きですか。）

2 be good at ～ing
「～することが得意です」

確認問題 ——————— 38 ページ

1 (1) am good at playing
(2) am good at running
2 (1) I am not good at cooking
(2) She isn't good at using a
dictionary
(3) Are you good at taking pictures

練習問題 ——————— 39 ページ

1 (1) is good at swimming
(2) is not good at using
(3) Are / good at speaking
(4) Are / good at cleaning
2 (1) Is Ken good at playing the
guitar
(2) He is good at playing the piano
(3) She is not good at writing
Japanese
3 (1) I am good at playing volleyball.
(2) Yumi is not good at playing the
piano.
4 (1) I'm not (2) I am

練習問題の解説

4 (1) Are you good at playing the guitar?
（あなたはギターを弾くことは得意ですか。）
(2) Are you good at speaking English?
（あなたは英語を話すことは得意ですか。）

1　三人称単数現在形 s/es のつけ方

確認問題 ——————— 40 ページ

① (1)　plays　　　　(2)　swims
　(3)　washes　　　(4)　studies

② (1)　He watches　(2)　Mary has
　(3)　My sister goes

練習問題 ——————— 41 ページ

① (1)　runs　　　　(2)　likes
　(3)　catches　　　(4)　speaks
　(5)　make　　　　(6)　has

② (1)　She drinks tea
　(2)　He studies English

③ (1)　He goes to the library.
　(2)　Sara cries.

④ (1)　That bird eats fish.
　(2)　She washes these dishes.

⑤ (1)　teaches　　　(2)　drinks
　(3)　runs

練習問題の解説

① (3)　三人称単数のcatch(〜を捕まえる)は後ろにesをつける。
　(5)　主語youは二人称なのでe/esをつけない。

④ (1)　主語That birdは三人称単数扱いなので,動詞の語尾にsをつける。

⑤ (1)　Ms.Sato teaches math.(佐藤先生は数学を教えます。)
　(2)　Yuta drinks juice.(ユウタはジュースを飲みます。)
　(3)　The dog runs in the garden.(その犬は庭を走ります。)

2　He / She does not 〜.
「彼 / 彼女は〜しません」

確認問題 ——————— 42 ページ

① (1)　plays　　　　(2)　studies

② (1)　He watches
　(2)　does not drive

練習問題 ——————— 43 ページ

① (1)　not　　　　　(2)　does not
　(3)　don't read

② (1)　He plays baseball
　(2)　does not study English
　(3)　Mari has a big dog

③ (1)　Becky does not[doesn't] speak Japanese.
　(2)　That bear eats fish.

④ (1)　sings　　　　(2)　doesn't eat
　(3)　doesn't like

練習問題の解説

① (1)(2)は主語が三人称単数,(3)は主語が複数であることに注意する。
　(3)　空欄の数から,do not ではなく,短縮形のdon't を使う。

③ (1)　主語であるBeckyが三人称単数扱いなので,does not[doesn't]を使う。
　(2)　主語のThat bear は三人称単数扱いなので,動詞に s をつける。

④ (1)　Hana sings a song.(ハナは歌を歌います。)
　(2)　My brother doesn't eat vegetables.(私の[兄]弟は野菜を食べません。)
　(3)　He doesn't like fish.(彼は魚が好きではありません。)

3 Does he / she ～?
「彼 / 彼女は～しますか」

確認問題 ──────── 44 ページ

1 (1) Does　　　(2) Does
2 (1) watch　　(2) Does / study
3 (1) Yes / does　(2) No / not

練習問題 ──────── 45 ページ

1 (1) Does　　　(2) like / does
　(3) Does / doesn't
2 (1) Does he have
　(2) Does your friend play baseball
3 (1) Does she clean this room?
　(2) Does Tom eat *natto*?
4 No, she doesn't.

練習問題の解説

3 (1) 主語のSheは三人称単数なので, 疑問文は〈Does＋主語＋動詞～?〉の形。cleansは原形cleanにする。
　(2) 主語が三人称単数のTomに変わるので, DoをDoesにする。
4 Hi, I'm Marika. I like music. I play the guitar on Tuesday and Saturday.(こんにちは, 私はマリカです。私は音楽が好きです。火曜日と土曜日にギターを弾きます。)
(質問) Does Marika play the guitar every day? (マリカは毎日ギターを弾きますか。)

第8章　代名詞・疑問詞③

1 人称代名詞の所有格

確認問題 ──────── 46 ページ

1 (1) my　　　(2) his
　(3) my　　　(4) her
2 (1) her　　　(2) his
　(3) my　　　(4) my

練習問題 ──────── 47 ページ

1 (1) his　　　(2) our
　(3) her　　　(4) his
2 (1) These are his shoes.
　(2) Those are her glasses.

(3) Is it her notebook?
(4) This is our house.
3 (1) That is his ball.
　(2) Is this my pencil?
4 (1) This is her bag.
　(2) Is it my cup?

練習問題の解説

2 持ち主を表す代名詞の所有格は, 名詞の前に置く。
4 (1) This is her bag.(これは彼女のかばんです。)
　(2) Is it my cup?(それは私のカップですか。)

2 人称代名詞の目的格

確認問題 ──────── 48 ページ

1 (1) it　　　(2) us
　(3) him　　(4) you
2 (1) her　　(2) her
　(3) them　(4) him

練習問題 ──────── 49 ページ

1 (1) you　　(2) them
　(3) Taro　　(4) it
2 (1) Look at her.
　(2) Do you know them?
　(3) Who meets him?
　(4) Jiro plays with us in the park.
3 (1) I help him.
　(2) Do you study with them?
4 (1) him / see him
　(2) like it / love it

練習問題の解説

2 (4) 「マックスと私」は「私たち」となる。
4 (1) A:Do you know him?(あなたは彼を知っていますか。)
　B:Yes, I do. I see him on TV.(はい, 知っています。私は彼をテレビで見ます。)
　(2) A:Your mother makes lunch for you. Do you like it?(あなたのお母さんがあなたのために昼食を作ります。あなたはそれが好きですか。)
　B:I love it!(とても好きです!)

３ Which ~?「どちらが~ですか」

確認問題 ——————— 50 ページ

1 (1) Which bike is
(2) Which pen do

2 Which

3 (1) どの(どちらの)　(2) どちらの色

練習問題 ——————— 51 ページ

1 (1) Which　　(2) Which
(3) Which movie

2 (1) Which dog　(2) Which / or

3 (1) Which bag is
(2) which book do you read
(3) Which car does he drive

4 She likes cats.

練習問題の解説

2 (2) 春と秋という限定された２つの中から選ぶので, whichを使うのが適切。「AとBのどちらが~ですか」を表す〈Which ~, A or B?〉の形にする。

4 Hana: I have two cats.(私はネコを二匹飼っています。)
Daiki: Oh really? You like animals. Do you like dogs too?(本当ですか。あなたは動物が好きですね。犬も好きですか。)
Hana: Well... I don't like them.
(うーん…犬は好きではないです。)
(質問)Which does Hana like, dogs or cats?
(ハナは犬とネコのどちらが好きですか。)

４ Whose ~?「誰の~ですか」

確認問題 ——————— 52 ページ

1 (1) 誰のもの　　(2) 誰の

2 Whose dictionary is

3 mine

練習問題 ——————— 53 ページ

1 (1) Whose / his　(2) Whose ball
(3) Whose cats / mine

2 (1) Whose are these DVDs

(2) Whose bag is that

3 Whose is that car?[Whose car is that?]

4 あれらは誰の鉛筆ですか。[あれらの鉛筆は誰のものですか。]

5 イ

練習問題の解説

2 (1) 持ち主をたずねる疑問文では疑問詞whoseを用いる。
(2) whoseのすぐあとに名詞を置くこともできる。

5 A: That bag is my father's.(あのかばんは私の父のものです。)
B: I see. Whose bag is this?(なるほど。こちらのかばんは誰のものですか。)

第９章 現在進行形・感嘆文

１ 「~しています」「~していません」

確認問題 ——————— 54 ページ

1 (1) playing　　(2) taking
(3) running

2 (1) 私はサッカーをしていません。
(2) あなたは夕食を食べていますか。
(3) レイナはテレビを見ています。

練習問題 ——————— 55 ページ

1 (1) walking　　(2) is making
(3) are swimming

2 (1) not watching
(2) Is / running / is not

3 (1) Jane is driving a car.
(2) I am[I'm] running in the schoolyard.
(3) My cats are not [aren't] sleeping now.
(4) Is he washing his car?

4 (1) (例)I'm studying English.
(2) (例)No, she isn't.

練習問題の解説

1 (3) 主語のWeは複数形なので, be動詞はareを使う。swimのing形は, 最後のmを重ねるこ

とに注意。

2 (2) 現在進行形の疑問文には, 〈Yes, 主語＋be動詞.〉または, 〈No, 主語＋be動詞＋not.〉の形で答える。

3 (1) 主語のJaneが三人称単数なのでbe動詞はis。driveのing形は, eをとって, ingをつける。

(2) 主語がIなのでbe動詞はam。runのing形は, 最後のnを重ねてrunningとする。

(3) be動詞の後にnotを置くと, 進行形の否定文になる。

(4) 進行形の疑問文は, 〈be動詞＋主語＋動詞のing形〜?〉の語順。

4 (1) What are you doing now?(あなたは今何をしていますか。)

(2) Is your mother swimming in the pool now?(あなたのお母さんは今プールで泳いでいますか。)

2 How ~! / What ~!「何て〜だ！」

確認問題 ────── 56 ページ

1 (1) 何て速いんだ！
(2) 斎藤先生は何て優しいんだ！
(3) 何て美しい花なんだ！
(4) あれは何て大きい山なんだ！

2 (1) How (2) What

練習問題 ────── 57 ページ

1 (1) What (2) How
(3) What / have (4) How / is

2 (1) How clean your room is
(2) How smart your brother is
(3) What a loud man he is
(4) What a fat cat that is

3 (1) How fluently he speaks!
(2) How fast this river runs!
(3) What a great singer she is!

4 (1) What a big house
(2) How interesting this game

練習問題の解説

1 〈How＋形容詞[副詞]＋主語＋動詞!〉や〈What (a[an])＋形容詞＋名詞＋主語＋動詞!〉の形にする。

3 whatは名詞にかかり, howは形容詞や副詞にかかる。

4 (1) What a big house you have!(あなたは何て大きい家を持っているんだ！)

(2) How interesting this game is!(このゲームは何ておもしろいんだ！)

第10章 動作や様子の表現

1 want / try / need to ~.

確認問題 ────── 58 ページ

1 (1) 私は宿題を終わらせる必要があります。
(2) 私の母は北海道へ行きたいです。
(3) エミは夕食を作ろうとします。

2 (1) You need to clean your room
(2) He wants to see Mari
(3) Mr. Tanaka tries to play the guitar

練習問題 ────── 59 ページ

1 (1) tries to (2) tries to
(3) need to (4) want to

2 (1) He doesn't want to go to the theater.
(2) Do you try to open the door?
(3) They need to eat vegetables.

3 (1) Do you want to cook lunch today?
(2) Tom tries to get up early every morning.
(3) Does she need to do it?
(4) He needs to study English.

4 (1) wants (2) need

練習問題の解説

2 (1) want / try / needは一般動詞なので, 一般動詞の否定文の語順と同じ。
(2) want / try / needは一般動詞なので, 一般動詞の疑問文の語順と同じ。

3 (2) get up early「早起きする」

4 (1) She wants to live alone.
(彼女は一人暮らしをしたいです。)

11

(2) Kids need to sleep a lot.
　　（子供たちはたくさん寝る必要があります。）

2 What do you want to~?
「何を〜したいですか」

確認問題 ──────── 60 ページ

1 (1) want to eat　(2) want to wear
　(3) time / want to go
2 (1) あなたは今週末何をしたいですか。
　(2) あなたは何の映画を見たいですか。

練習問題 ──────── 61 ページ

1 (1) What do / want / want to drink
　(2) What animal does / want /
　　　wants to see
　(3) What game does / want /
　　　wants to play
　(4) What do / want to do / want to
2 (1) What (sport) does she want to
　　　play?
　(2) What (food) does my brother
　　　want to eat?
　(3) What time does Yuko want to
　　　get up?
3 (1) A:What flower do you want to
　　　see?
　　　B:I want to see sunflowers.
　(2) A:What time do you want to
　　　leave home tomorrow?
　　　B:I want to leave at 8.
4 (1) to play　　(2) to buy

練習問題の解説
2 (3) 「何時に〜」はWhat time〜?で表す。
4 Ken: Saori, what do you want to play?(サ
オリ，あなたは何で遊びたいですか。)
Saori: I want to play soccer with you,
Ken.(私はあなたとサッカーをしたいです，ケ
ン。)
Ken: That's nice. I want to buy a new
soccer ball.(いいですね。僕は新しいサッカー
ボールを買いたいです。)

3 look ＋形容詞「〜に見えます」

確認問題 ──────── 62 ページ

1 (1) That student looks sleepy
　(2) Dinner looks very delicious
　(3) look sad every morning
　(4) Her father looks busy
2 (1) あなたの犬はとても空腹そうに見え
　　　ます。
　(2) 彼は今日悲しそうに見えます。

練習問題 ──────── 63 ページ

1 (1) looks　　(2) does / look
　(3) doesn't look　(4) do not look
2 (1) You look tired
　(2) Does she look happy
　(3) How do I look today
3 (1) You look nervous.
　(2) Hana looks very sad today.
4 (1) You look thirsty.
　(2) He looks happy.

練習問題の解説
2 (3) 様子をたずねるときはhowを使う。
3 (1) nervous「神経質な」
4 (1) You look thirsty. (あなたは喉が乾いてい
　　　るように見えます。)
　(2) He looks happy. (彼は嬉しそうに見えま
　　　す。)

1 can の文「～できます」「～できません」

確認問題 ──────── 64 ページ

1 (1) 読めます
(2) スキーをすることができます

2 (1) can　　　　(2) can
(3) can run

3 (1) cannot eat
(2) Peter can't swim

練習問題 ──────── 65 ページ

1 (1) can
(2) cannot[can't]
(3) can speak
(4) cannot[can't] drink

2 (1) Those birds cannot fly
(2) Miho can carry this bag

3 (1) 私の父はバスを運転できます。
(2) 私はカレーを作れません。

4 (1) They cannot[can't] sing English songs.
(2) Our cat can catch fish.

5 (1) can　　　　(2) cannot[can't]

練習問題の解説

1 canやcannot[can't]の後ろの動詞は主語が何であっても原形。

4 (1) 「彼らは英語の歌を歌えません。」
(2) 主語が三人称単数でも，〈can＋動詞の原形〉の形を使うので，catchesは原形catchにすることに注意。「私たちのネコは魚を捕まえることができます。」

5 (1) I'm Kanako. I am a music teacher. I can play the piano.（私はカナコです。私は音楽の先生です。私はピアノを弾くことができます。）
(2) I'm Karen. I like Japanese food, but I can't eat *sushi*.（私はカレンです。私は日本の食べ物が好きですが，お寿司は食べられません。）

2 Can you ~?「～できますか」／ Can I ~?「～してもいいですか」

確認問題 ──────── 66 ページ

1 (1) Can you
(2) Can Mina write

2 てくれますか

3 I

練習問題 ──────── 67 ページ

1 (1) Can / speak / can
(2) Can I
(3) Can you

2 (1) Can you make lunch
(2) Can Emily read this book

3 (1) あなたの犬は泳げますか。
(2) ここで写真を撮ってもいいですか。

4 (1) Can Ms. Green play the guitar?
(2) No, she cannot[can't].

5 ウ

練習問題の解説

1 (1) 「～できますか」は〈Can＋主語＋動詞の原形 ~?〉の語順。Yesで答えるときは，〈Yes, 主語＋can.〉とする。
(2) 「～してもいいですか」と許可を求めるときは，Can I ~?の形を使う。
(3) 「～してくれますか」と依頼するときは，Can you ~?の形を使う。

3 (2) 許可を求めるcanの疑問文。take a picture「写真を撮る」

4 (2) 「Noを使って」「3語で」と指定があるので，〈No, 主語＋cannot[can't].〉で答える。Ms.は女性の名前の前に置く語なので，主語はsheとすることに注意。

5 A: The next class is math.（次の授業は数学です。）
B: Yes. Oh, I don't have a textbook for math. Can you show it to me?（そうですね。ああ，私は数学の教科書を持っていません。私に見せてくれますか。）

第12章　過去の文・There is ～の文

1 「～しました」① 規則動詞

確認問題 ──────── 68 ページ

1. played
2. (1) enjoyed　　(2) used
   (3) studied　　(4) stopped
3. (1) yesterday　　(2) last

練習問題 ──────── 69 ページ

1. (1) walked　　(2) carried
   (3) lived　　(4) stopped
2. (1) 閉めました
   (2) 中国を訪れました
   (3) 私たちは昨夜, そのパーティーを楽しみました。
3. (1) My uncle liked sports.
   (2) They studied math at school yesterday.
4. washed

練習問題の解説

1. すべて「～しました」という過去の文なので, 動詞を過去形にする。
   (2) 「～を運ぶ」はcarryで表す。語尾が〈子音字＋y〉なので, yをiにしてedをつける。
   (4) stopは最後の文字のpを重ねてedをつけることに注意。
2. (3) last nightは過去を表す言葉で, 「昨夜」という意味。
3. (1) likesのsをとってdをつける。「私のおじはスポーツが好きでした。」
   (2) yesterday「昨日」は過去を表す言葉なので, studyを過去形studiedにする。「彼らは昨日, 学校で数学を勉強しました。」
4. Hi, I'm Kaori. I was free this weekend, so I washed my car with my father. I was tired, but my father was fine.(こんにちは, 私はカオリです。私は今週末暇だったので, 父と一緒に洗車をしました。私は疲れましたが, 父は元気でした。)

2 「～しました」② 不規則動詞

確認問題 ──────── 70 ページ

1. (1) 言いました　　(2) 出発しました
   (3) 来ました
2. (1) went　　(2) had
   (3) saw　　(4) bought
   (5) ate　　(6) read

練習問題 ──────── 71 ページ

1. (1) gave　　(2) got
   (3) wrote　　(4) put
2. (1) 私は新しいコンピュータを買いました。
   (2) 彼は新しい鉛筆をたくさん持っていました。
3. (1) Mr. Green taught English.
   (2) We ran in the park three days ago.
4. made

練習問題の解説

1. (3) 「～を書く」writeの過去形はwrote。
   (4) 「～を置く」という意味のputは原形と過去形の形が変わらない不規則動詞。
2. (1) boughtはbuy「～を買う」の過去形。
   (2) hadはhave「～を持っている, ～を食べる, ～を飼っている」の過去形。
3. (1) teachの過去形はtaught。「グリーン先生は英語を教えました。」
   (2) three days ago「3日前」は過去を表す言葉なので, runは過去形のranにする。「私たちは3日前, 公園で走りました。」
4. A: Happy birthday, Yuri.(誕生日おめでとう, ユリ。)
   B: Thanks, Lily. My mother is good at cooking, so she made a chocolate cake for me yesterday.(ありがとう, リリー。私の母は料理が得意だから, 昨日は私のためにチョコレートケーキを作ってくれました。)

3 「～しましたか」「～しませんでした」

確認問題 ──────── 72ページ

1 (1) 読みませんでした
  (2) 行きませんでした
2 Did you cook
3 Where did

練習問題 ──────── 73ページ

1 (1) didn't call
  (2) Did / buy / didn't
  (3) What did / studied
2 (1) Did Takumi listen to this music
  (2) She did not meet John
  (3) When did Kei take this picture
3 (1) Marie didn't[did not] watch TV.
  (2) Where did they go?
4 (1) played
  (2) didn't

練習問題の解説

1 (3) 「何を」とたずねているので,文頭にWhatを
     置いて,あとに一般動詞の過去の疑問文の語
     順を続ける。答えの文の空所には,studyの過
     去形studiedを入れる。
2 (3) 疑問詞Whenのあとに,一般動詞の過去の
     疑問文の語順を続ける。
3 (1) 「マリエはテレビを見ませんでした。」
  (2) 疑問詞whereを使い「彼らはどこに行きま
     したか。」と場所をたずねる疑問文にする。
4 (1) What did you play last weekend?(あな
     たは先週末何をして遊びましたか。)
  (2) Did you study English last night?(あな
     たは昨夜英語を勉強しましたか。)

4 be 動詞の過去形「～でした」

確認問題 ──────── 74ページ

1 (1) was   (2) Were
  (3) weren't   (4) wasn't
2 (1) 私の父は先週忙しかったです。
  (2) 彼らはとてもうるさかったです。
  (3) 昨日は寒かったです。

練習問題 ──────── 75ページ

1 (1) were   (2) was
  (3) Were   (4) weren't
2 (1) あなたの兄[弟]は昨夜どこにいまし
     たか。
  (2) 彼は小さな子供ではありませんでし
     た。
  (3) あなたは先週の日曜日,忙しかった
     ですか。
  (4) その犯人は誰でしたか。
3 (1) The water was very cold.
  (2) Kyoko was in the library this
     morning.
  (3) I was tired yesterday.
4 (1) (例)It was sunny.
  (2) (例)I was in my friend's house.

練習問題の解説

1 (4) weren'tはwere notの短縮形。(wasn'tは
     was notの短縮形。)
4 (1) How was the weather yesterday?(昨
     日の天気はどうでしたか。)
  (2) Where were you last weekend?(あな
     たは先週末どこにいましたか。)

5 There is ~. / There are ~.
「~があります」

1 (1) There are　(2) Is there
(3) There is

2 (1) There is　(2) Are there

1 (1) There is　(2) There were
(3) Was there　(4) There was

2 (1) There is an eraser on the table
(2) There are two books in your bag
(3) How many students are there in your class
(4) Is there an animal in your house

3 (1) There was a computer in my room.
(2) There is a woman under the tree.
(3) How many apples are there in the kitchen?

4 (1) (例)There are four.
(2) (例)No, there isn't.

練習問題の解説

1 (2) 過去形でも語順は変わらない。
(4) 「1本の木」は単数なのでwasを使う。

2 (3) 疑問詞を使うときは〈疑問詞＋is[are] there ~?〉の語順。

4 (1) How many pens are there?（ペンはいくつありますか。）
(2) Is there an orange?（オレンジはありますか。）

6 過去進行形

1 (1) were studying
(2) was

2 Were / singing / was

1 (1) were　(2) were singing
(3) Were / they weren't
(4) not speaking

2 (1) eat　(2) listening
(3) play　(4) sleeping

3 (1) She was helping
(2) We were drinking coffee
(3) Was he cleaning his room
(4) I was not reading a book

4 (1) (例)I was eating breakfast.
(2) (例)Yes, I was.

練習問題の解説

2 (1)(3) didより, 過去の文とわかる。この場合, 否定文や疑問文で使う動詞は原形。
(2)(4) wasやwereより, 過去進行形の文とわかる。動詞をing形とする。

3 (2)(4) 過去進行形は, this morningやthenなど, 過去を表す言葉と合わせて使われることも多い。

4 (1) What were you doing this morning?（あなたは今朝何をしていましたか。）
(2) Were you sleeping in the bed last night?（あなたは昨夜ベッドで眠っていましたか。）